繼承者們

被遺忘的中國近代史 3

金哲毅——著

推薦序

舊史新說：一部趣味橫生的中國近代史！

「故事」網站專欄作者／**Emery**

中學歷史課裡面，最容易惹學生厭煩的部分，恐怕就是晚清以降的那些章節了。一連串陌生的人名、複雜的條約、說不清來龍去脈的事件，閱讀起來，總是很難得出趣味。即便課本已經用了相對厚重的篇幅，想把細節交代得詳盡，但故事往往並不因此而清晰，反倒是更多的「事變」、「慘案」、「運動」，一個個都成了字體加粗、考試必出的關鍵詞。一部中國近代史，也就跟著成為全台灣中學生的短期記憶挑戰賽。

說是短期記憶，是因為離開學校之後，還能把馮國璋跟馮玉祥分清楚的人，委實不是很多。「府院之爭」是在爭些什麼？「五卅慘案」是怎麼發生的？課本裡頭這些零碎的重點，我們過去常是藉著死背來換分數。然而，不再需要應付考試的時候，所有這些人名、年代、事件，也就失去了繼續存留在腦海中的理由。

說到底，我們到底期待一個什麼樣的歷史教育呢？在現代台灣，這件事情恐怕仍難有共識。但無論每個人的想法如何，對我而言，歷史至少不該是一堆繁冗的表格，以及線索單調的編年紀事。相反的，它應該要是理路、脈絡更完整一點的故事。若能讓人讀了有趣，發生一些思索，那樣的故事不必怎麼背誦，也能深入人心。

而若從說故事的角度來看，課本上的中國近代史，就顯得有些尷尬了。這個段落的歷史，章節雖多，卻跟著塞進了更多的陌生名詞，枝蔓橫生，令人頭疼。更麻煩的是，發生在民初中國的這許多故事，講得雖然仔細，也不容易讓今天生活在台灣的中學生感到親近。過去的教育體系講述民國史，還可以訴諸國族大義，召喚情感認同。但對於這一輩的年輕人而言，同樣的號召與動員，恐怕已很難成功了吧。

可能因為過去應付考試的痛苦經驗影響了閱讀興致，台灣的書市暢銷榜上，關於近代中國的歷史作品，也總是寥寥可數。然而，民國初年的歷史，注定要是枯燥的流水帳嗎？除了誰是「直系」、「奉系」、「皖系」這樣的歸納遊戲以外，課本裡的一大票軍閥，難道再沒有別的故事可說嗎？

金哲毅的作品告訴我們：當然不是這麼回事。相反的，近代中國應該是一個極為精采的歷史舞台。所有那些繁雜的史事細節，糾葛的人際關係，對說故事的人而言，可都是再好不過的材料！

哲毅自號老ㄕ，也確曾在中學講堂上教授歷史。若是能聽他講課，想必與讀他的書一般有趣。從首部作品《國父「們」：被遺忘的中國近代史》開始，這位說故事的能手，已經向讀者展示了近代中國的頭臉人物，在教科書的簡要敘述、傳統史觀的刻板印象之外，還可以如何得出不一樣的認識與詮釋——原來，那個我們只記得他被暗殺的宋教仁，其實是個足智多謀的政治操盤高手；原來，那個僅只讓我們聯想到「叛變」的陳炯明，其實有他自己的個性，有他自己的理念！

對我而言，金老ㄕ的著作，魅力在於他的「新說」。這裡的「新」，指的不是史學上的新發現或新詮釋，其實金老ㄕ常引用唐德剛等史學大家的見解，書裡頭的種種學問，自有其閱讀工夫與形成脈絡。更多時候，金老ㄕ做的是消化與整理的工作——近代中國是這麼一部線索紛亂的歷史，正需要一個作者，能夠從龐雜的史事細節裡面揀出材料，重新組合出一系列有觀點、有意義的故事。

更難得的是，金老ㄕ懂得使用貼近普遍群眾的生動語言，將過去歷史帶回到現代情境，使讀者能夠從自身的經驗出發，同情地理解那些發生在孫文、曹錕或袁世凱身上的事情。金老ㄕ厲害的地方，是他時常能夠想到一些別有意趣的視角或譬喻，這個特點，同時為他的寫作確立起難於模仿的獨特風格——誰能想到，搞復辟的張勳，可以看成一個急性子的「熱炒店二廚」；以賄選聞名的曹錕，也可以對照一下漢高祖劉邦的故事……

值得注意的是：故事講到一半，金老ㄕ常常冷不防探出頭來，與讀者對話。比如講張作霖的生平，他會突然在句子末尾補上一槍，嘲弄「北霸天」這個不怎麼霸氣的封號。孫文的北伐號令發布了，他也要跳出來為陸榮廷代言，表達滿滿的不屑。偶爾，金老ㄕ還會天外飛來一筆，邀請讀者試著想像：在大雪天裡被吳佩孚派去剿匪的那些小兵，心裡會怎麼犯嘀咕呢？站在小軍閥衛三鬧的立場，你敢不敢冒出頭來，與群豪爭雄呢？

所有這些趣味橫生的小細節，在文章裡隨興地四處浮現，又自然地與故事主體相互構成。閱讀金老ㄕ的書，活像是眼前站著一個興致熱烈的說書人，把他腦海裡那一整部中國近代史，說得酣暢淋漓，好不痛快！

《繼承者們：被遺忘的中國近代史3》是金老ㄕ一系列作品的第三部，寫作主題是民初軍閥。這一大票擁兵自重的傢伙，在歷史課本上爭來鬥去，這一大筆糊塗帳，也是我們學生時代的夢魘。到現在，你可能還記得「黎元洪」或者「段祺瑞」，卻不見得能夠想起，這些軍閥究竟幹了些什麼事情。

現在，透過金老ㄕ的書，這些殘存於我們腦海裡的片段記憶，有機會重新構成一部饒富趣味的歷史故事了。種種細節，自然不該在這裡「爆雷」。繼續往下翻，或許你也會發現：那些曾被我們遺忘在學校裡的中國近代史，原來如此精采！

推薦序

藉著與歷史對話來了解歷史

國立中央大學歷史研究所兼任助理教授／呂慎華

民初北京政府時代的中國在政治性質上甚為獨特。它雖是國際承認的中國唯一合法政府，但名義上被它取代的滿清仍存在於紫禁城中，直到一九二四年始被消滅；它的主導者會因戰爭而變動，但割據各地的軍閥們卻無意創建新國家，有力者志在競爭其領導權，無力者則設法保全地位。不只在政治上，新與舊的同時存在、競爭與轉變，反映在諸如外交、思想、文化、法律、制度、中央與地方關係等各方面，與春秋戰國時代諸子百家並起情況相較實不遑多讓。然而，國民黨黨國史觀將廣州政府視為正統，將袁世凱之後的北京政府稱為北洋政府，將教學重心放在軍閥屬於哪些派系、背後有哪些帝國主義撐腰、造成哪些戰爭、對外損失多少利權，以加強其禍國殃民形象，突顯國民革命軍北伐的正當性。將政治演變與其他領域切割教學的結果，無法清楚交代「軍閥們為何做出這種選擇」這個重要因素，加上歷史課程的逐漸縮減，中學教師也只能選擇將這段歷史簡化成一個又一個的表格，導致這段極其精采的建國初期歷史失去其應有的風采，也讓學生完全提不起學習興趣。

身為國中歷史教師，金哲毅老師顯然發現了中國近現代史教學中的這些致命缺點，故而以觀察建國初期當事人的角度為出發點，撰寫了一系列的文章，集結為講述革命建國故事的《國父「們」：被遺忘的中國近代史》，袁世凱總統時代的《野心家們：被遺忘的中國近代史2》兩書出版，《繼承者們：被遺忘的中國近代史3》為其系列著作之第三部，論述後袁世凱時代的北洋軍閥。

以紀傳體書寫民初北京政府歷史，並非金老師所首創，台灣商務印書館出版之《北洋政府國務總理列傳》，以及吉林文史出版社出版之五冊《民初五大總統列傳》，均曾做出類似嘗試，也都是相當成功的著作。本書與前輩學者的不同之處，除大量採用次世代語言，即時下年輕人能夠接受的詞語進行論述，拉近歷史與年輕讀者間的距離之外，其二為大量採取各種稗官野史以及學界研究成果，著重在人物心態的描寫，深入刻畫關鍵人物在關鍵時刻如何做出選擇，而不僅止於敘述當事人對歷史事件的參與，符合其自言「看歷史人物的重點在於研究他的心態」。例如，論及張勳復辟時，金老師引用豐富資料說明清朝退位未久，其影響力仍然存在，復辟在當時也並非禁忌話題，而復辟過程確實也是有章有法，主要敗因在於段祺瑞堅決擁護共和，並非人心傾向共和，也非如課本所述鬧劇一場。論及第二次直奉戰爭結果時，金老師引用曹錕之語，說明吳佩孚雖能征善戰，但無法協調直系各山頭，內部離心離德，終於造成馮玉祥倒戈、直系大敗局面。

其三，對歷史學界而言，歷史著作不僅僅是史家運用同理心與想像力，與史實、前人研究成果等「過去」之間的對話，也是史家與當代，甚至未來讀者之間的對話，史記裡的「太史公曰」就是一種很典型的對話模式。隨著時空環境的不同，歷史解釋也往往會產生變化，不會如同外行人，尤其是政客所言，以為歷史著作就該具備「蓋棺論定」、「千古定評」、「還誰公道」、「自有公評」等內容。本書中提及張勳復辟時，金老師強調「儘可能以當時人的視角去思考，許多被現代人視為荒謬至極的事，其實在當時卻是理所當然的存在」，說明同理心的重要。在敘述護法運動時代的孫中山時，金老師以其個人對孫中山的評鑑始終沒有定論，說明讀史者的個人心境一旦改變，往往會對相同的史事做出不同的解讀。在〈後記〉中，金老師提及軍閥對民初中國的貢獻，諸如參戰、頒布憲法、堅守共和體制，反思黨國教育體制對軍閥的醜化，以及善惡二分法是否能呈現真實的歷史等問題，處處可見金老師不時藉由講故事，向讀者介紹歷史學基礎概念，以及身為歷史人的用心之處。

就歷史普及讀物而言，本書不以流水帳方式介紹事件始末，而是以相當的篇幅刻畫人物內心再導引出事件的結果，對於希望瞭解該事件為何如此發生、如此演變的讀者，提供了一個材料豐富、敘述深入淺出的良好入門途徑。當然，本書並非完美無瑕的絕世著作。例如，在論及滿、蒙、藏獨立時，金老師認為原因在於邊疆少數民族對於中華民國的不信任，然而清朝在中華民國成立後並未消失，儘管已無實質上的權力控制蒙藏，但歷史上蒙藏均係臣服於清朝，並無繼續臣服中華民國的義務，筆者認為這更能解釋蒙藏為何在中華民國成立後積極推行分離運動。

或許是因為金老師的職業是國中歷史教師，這三部曲存在的共同特色，即「以國中歷史教科書大綱為骨幹進行敘述」、「潛在讀者群以年輕人為主」，《國父「們」：被遺忘的中國近代史》一書敘述至辛亥革命成功為止，《野心家們：被遺忘的中國近代史2》一書敘述至袁世凱身故為止，本書則敘述至第二次直奉戰爭作為結束，與新舊課綱的架構如出一轍。如此，雖在相當程度上可以補教科書之不足，但在引用材料與敘述時，則仍不免受教科書既定框架影響。例如，教科書對於北京政府時期的文官派系幾乎沒有提及，但以梁啟超為主的研究系、以五路財神梁士詒為首的交通系、以徐樹錚為首的安福系，以及自成系統的職業外交官們，在內政、外交場合上的折衝樽俎、縱橫捭闔，其精采程度絕不下於軍閥混戰，金老師則未論及。也因此，或許讀者們可以樂觀期待，金老師將持續以其特有的生動幽默筆觸撰寫文章，為讀者們更進一步地介紹被遺忘的中國近代史。

目錄

前言　我們眞的了解一個時代嗎？　014
第一章　後袁世凱時代　019
第二章　府院之爭　039
第三章　張勳復辟　069
第四章　護法戰爭　115
第五章　直皖戰爭　149
第六章　曹錕時代　183
第七章　一個時代的尾聲，另一個時代的開始　239
後記　從回顧中發現，原來自己並不孤單　248
參考資料　255

前言

我們眞的了解一個時代嗎？

話說我的第一本書《國父「們」：被遺忘的中國近代史》出版後，我送給學校社會科老師每人一本，同事一邊恭喜一邊問：「你接下來會想說什麼故事呢？」

「主要講北洋軍閥。」

同事興奮地說：「那我很期待你接下來的故事，畢竟北洋軍閥那段實在太混亂了，如果有人能幫忙解釋真是方便不少。」

事實上，民國初年的軍閥割據時代，不僅因為人名、戰爭、事件眾多，給人混亂至極的印象；也因為混亂，包括我在內的大多數人一開始都甚少去探討，以至於我們其實並不熟悉那個時代的真實狀況。

就拿大家再熟悉不過的名詞——「軍閥」來看，我們對他的解釋或多或少符合研究中國近現代史的張玉法先生所下的定義：「軍閥可以定義為軍人以武力為後盾，割據一方，以保有並擴張自己的權位，忽視國家的秩序法律。」但軍閥真實的光景究竟為何？按小時候老ㄕ的想像，軍閥應該是率領著眾多部隊，並佔據好大一塊的地盤，看起來威風凜凜，才有能力魚肉鄉民，甚至把國家攪得一團亂！但在一次親身經歷後，我才發現……現實不是那麼一回事！

好幾年前，老ㄕ的母親突然說要去掃太公（外公的爸爸）的墳墓，老ㄕ順口問了一句：「太公當年是做什麼的？」

她說：「有人把他定義為軍閥。」

老ㄕ當下震驚了！原來我母系祖先曾經如此輝煌！所以我連忙追問：「哇！那他以前的地盤在哪？多大？什麼職位？最重要的是……他有沒有留下值錢的遺產？」

ㄕ娘說：「聽說他以前是跟著一個軍閥做文書工作，後來一路升遷至文官的第二號人物。」

（老ㄕ後來調查，太公曾位至民政廳長，這是管內政的最高官職。事實上，太公加入國民政府後，甚至當過一省的都督以及省長，真可謂步步高升、官運亨通啊！）

「那他到底管了多少地盤？刮了多少錢？」

ㄕ娘說：「他那時能管的地盤大概是『一個縣』吧。」

老ㄕ瞬間被澆了一頭冷水，因為這地盤也太小了吧？

可後來我還看到更有趣的資料，歷史學家唐德剛曾提及小時候他的家鄉也出現過一個軍閥，名叫：衛三鬧（不知是真名還是渾名？），這位老兄能管的地方只是一個「鎮」。

雖說是位軍閥，但衛三鬧老兄平時也就做些收過路費、沒事叫老百姓搬搬東西的工作。

據說如此下來，他竟然累積了養活家裡十幾口人的資產。

若依此看來，老ㄕ的太公，那一個縣地盤真是大得多，而且其中的利潤更是高上數倍。透過這則親身經驗，老ㄕ捫心自問：「我們真的了解一個時代嗎？還是我們用自以為是的觀點，模糊事物的真實，因此陷在錯誤的想像中終而不自知？」懷著以上疑問，我寫成本書，期待透過探索過去來重新審視自己的價值觀及思考方式，並從中發現歷史學的珍貴之處。閱讀本書的各位，則有點像透過我這位歷史導遊的視角，參觀認識民國初年的軍閥時代，希望各位能滿足於這趟旅程的同時，還能摸索出專屬於自己的收穫。

第一章

後袁世凱時代

軍閥混戰的開端

通常我在課堂上講完袁世凱的相關歷史後，會跟學生說：「大家應該要好好為袁世凱的死哀悼一下，因為他死後，接下來的中國歷史可就難搞了！」

說到民國初期給一般社會大眾的印象，何止是混亂？簡直就是混亂至極！但在民國元年到民國五年，好歹有一個大總統袁世凱能鎮得住場面，所以說得極端一點：「中華民國開國前幾年發展，只要聚焦袁世凱即可。」

可袁世凱死後，昔日服從他的部下或是反抗的敵對勢力都試圖爭奪權力寶座，包括：段祺瑞、張作霖、馮國璋、曹錕、吳佩孚、孫傳芳、孫文、陳炯明、陸榮廷……這些出現在歷史課本的一大串人名，讓學生第一時間就暈頭轉向，若再深入這些人物之間錯綜複雜的恩怨糾葛，真的別怪學生上課恍神或去找周公，因為實在讓人倒盡胃口、腦袋爆炸！

面對學生的慘狀，老師自己也是焦頭爛額，試問：如此盤根交錯的亂世浮生，就算是大學專門開課，都未必能交代清楚。但中學教育卻要在一週只有一、二堂課的情況下談北洋軍閥，豈不是太為難老師了嗎？而在如此短暫的授課時間中，講太淺的話，被忽略的事情太多，事件與事件之間很難產生連貫關係；講太深的話，學生被當場擊垮，跑去找周公下棋喝茶去也……所以每每上到民國初年的歷史，不管對老師、學生來說，過程都是淒淒慘慘。

可惜的是，這麼折騰人以至於要耗費大量心力學習的年代，卻很難讓人真正清楚地去認識它。

我們知道當時很亂，卻不知道何以如此混亂？我們曉得戰爭很多，卻不曉得它們為何發生？我們看到的事件名稱很多，卻不了解其他內涵或意義。簡單來說，這是一段我們明知它存在、聽著挺熟悉，可事實上，對它的認知卻又是無比陌生的「空白年代」。

如此教學困境，總算在我讀到唐德剛教授所寫的《段祺瑞政權》時，有了解決辦法。

話說唐德剛教授在紐約教中國現代史時創立了「四方四圓」的講述方式，據他自己的說法，這讓非洲人都能搞懂北洋時代的大致脈絡。

老ㄕ的學生沒有人來自非洲，無法對唐教授的說法進行實測。不過，這「四方四圓」作為北洋時代的整理方法，效果還是挺不賴的。

以下就要跟大家解釋：何為四方四圓？

所謂「四」，是指北洋時代大概有四個階段，每階段都有一個重要人物為主軸，分別是：袁世凱主政時期、段祺瑞主政時期、曹錕（吳佩孚）主政時期、張作霖主政時期。每個時期大致都維持了四年。按此分法，可概略架構民初十六年的政治脈絡。

「方」指的是表格，就是把四位主政人物掌權時期的大事，整理成四張表格。

事實上，當有家長或朋友問我：「孩子要如何學好歷史？」我通常也就回答：「如果你的孩子讀完一段話，可以把內容整理出一張表格，成績都不會差！」

歷史學科其實很重要的基本功夫，就是資料整理的能力。按個人需要不同，表格內容可簡可繁，而在取捨之間，也是在培養選擇及評估能力。

「圓」指的是圖示，一張圖可解釋千言萬語。

前面說過，民初派系眾多，四方通常比較聚焦在主政人物的事跡上，但與主政人物同時並存的勢力，以及各勢力的彼此消長，卻很難用表格描述。所以用圓形圖表示，是最簡單且容易讓人明白的方法。

本來按老ㄕ的初衷，喜歡在敘事時埋下許多「哏」作為鋪陳，但有鑑於北洋時代的混亂，加上我後來描述的人事物許多是課本沒記錄、以致大家印象空白，我決定先透過老ㄕ版的「四方四圓」圖，讓大家對接下來的內容有基本認識。

四方四圓——民初中國的政局演變

第一階段：袁氏當國時期（一九一二年四月～一九一六年五月）

1.清帝退位，袁世凱繼任孫文為臨時大總統。

2.民國二年，宋教仁案爆發，旋即促發二次革命。

3.平定二次革命後，袁世凱通過國會選舉擔任正式大總統。

4.日本提出「二十一條要求」。

5.袁世凱推動洪憲帝制，結果爆發多方勢力的反對，如：護國軍起義。

6.袁世凱取消帝制，旋即暴卒。

第二階段：皖系段祺瑞當權時期（一九一六年～一九二〇年）

1.袁世凱死後，黎元洪繼任大總統、段祺瑞任國務總理、馮國璋任副總統。

2.黎元洪恢復《臨時約法》。

3.府（黎元洪）院（段祺瑞）相爭，尤以是否參與一次世界大戰的衝突最激烈。

4.黎元洪召張勳入京調停，卻引發張勳復辟。

5.段祺瑞討伐張勳成功，並因「三造共和」之功登上聲望最高峰。

6.段祺瑞回任內閣總理（馮國璋代理大總統），後廢除《臨時約法》並組織安福國會成功。

7.孫文不滿段祺瑞廢除約法，號召部分第一代國會議員，南下廣州成立軍政府，宣布「護法討段」。自此，中國陷入南北分裂局面（當時西方列強承認北方政府的正統地位）。

8.南方：西南軍閥排擠孫文，護法運動宣告失敗。

（上）護國第一軍第四梯團毛際隆等部分軍官合影；（下）雲南護國軍將領合影。左起：李曰垓、羅佩金、蔡鍔、殷承瓛、李烈鈞。

9.北方：段祺瑞、馮國璋因南方問題對立，最終以段祺瑞獲勝告終。
10.第一次大戰結束，中國為戰勝國，卻因山東問題，引發五四運動。
11.南方：在陳炯明支持下，孫文重返廣東組織政府。
12.北方：直奉二系聯合擊敗皖系，段祺瑞下野。

第三階段：直系曹錕、吳佩孚當權時期（一九二〇年～一九二四年）

1.中國共產黨成立。
2.孫文、段祺瑞、張作霖結盟，意圖對抗直系的曹錕、吳佩孚。
3.北方：第一次直奉戰爭爆發，直系大勝，正式掌握北京政權。
4.南方：陳炯明與孫文決裂，孫文逃離廣東。
5.南方：孫文與蘇聯合作，展開「聯俄容共」計畫。
6.北方：直系曹錕通過賄選而當選大總統。
7.北方：第二次直奉戰爭爆發，直系大敗，奉系張作霖掌握北京政權。

第四階段：奉系張作霖當權時期（一九二四年～一九二八年）

1. 奉系執政初期，以段祺瑞擔任臨時執政，並邀請孫文北上共商國是。孫文到達北京不久後因癌症而逝世。
2. 北方：奉系取消段祺瑞職位，並開始擴張，成為當時最強盛的勢力。
3. 南方：蔣介石崛起，並領導國民革命軍發動北伐。
4. 南方：國民革命軍北伐順利，擊敗吳佩孚、孫傳芳兩大勢力。

（上）「東北王」張作霖；（下）曹錕。

5.南方：中國國民黨因對「聯俄容共」政策的歧見分裂，史稱寧漢分裂；最終寧方（南京蔣介石）發動清黨，漢方（武漢汪精衛）發動分共，雙雙驅逐共產黨並重新合併，第一次國共合作結束。

6.北方：張作霖擔任「陸海軍大元帥」，聯合孫傳芳等人和中國國民黨對戰。

7.南方：蔣介石聯合馮玉祥、閻錫山、李宗仁等軍閥勢力，再次展開北伐。

8.張作霖不敵國民革命軍，意圖退回東北，卻於皇姑屯遭日軍暗殺；張作霖之子張學良掌握奉系勢力，並選擇服從中國國民黨領導，自此中國名義上統一，結束北洋時代。

最後補充，此「四方四圓」可依據每個人的認知不同而做修改。像老ㄕ個人認為，四方足矣，四圓卻略嫌不夠，若要跟四方表格呼應，還可增加兩圓，分別是：袁世凱當國、段祺瑞執政前期，如此更顯完善。不過為了表達對原教學使用者唐德剛教授的敬意，在此還是陳述「四方四圓」，至於各位若有不同意見或是其他修改應用方式，那就自行斟酌了。

誰來接班？

觀察四方四圓表格所呈現的民初歷史發展，應該不難發現：民初混亂並非一日而成，而是經時間層層積累，最終越加難以收拾。

最起碼在袁世凱掌權時期，北洋集團相當團結；但隨著袁世凱死後，再無一人有絕對的實力足以掌握全局。於是北洋集團開始分裂成不同勢力，像是後來赫赫有名的皖系、直系等，開始圍繞著空缺的執政寶座，進行不斷彼此衝突的權力遊戲。而各勢力內部又因意見不同，繼續產生小派系對立，如此不斷分裂及對立的結果，最終造就了一村一司令、一縣一軍閥的場景。

皖系首領段祺瑞。

不過老ㄕ卻想提醒大家一件事：「軍閥其實是最追求穩定的一群人！」

我們就拿唐德剛教授曾舉過的村口軍閥：衛三鬧為案例。衛三鬧地盤不過一個村，部下不過十幾個人（這樣的構成條件，感覺比較像黑社會堂口，反而不像軍隊）；請問各位若是衛三鬧，會帶著這樣的實力去闖蕩天下嗎？

我想絕大部分人的答案會是……ＮＯ！畢竟這樣的實力實在太顯得單薄，說不定才剛走出村口就給人滅了。

所以衛三鬧平常的行徑，就是在村口找路人收過路費，或是強迫沒槍桿子的老百姓搬運物品；他不會主動出去搶地盤，同樣也不喜歡有人走近自己的地盤打打殺殺。畢竟一次砍殺下來，殺敵一千，自己也要損八百，光湯藥費恐怕就要把老本賠光，實在不划算。

甚至就算是魚肉百姓，衛三鬧也一定有個限度，畢竟欺負人太過火，萬一老百姓團結起來拚命該怎麼辦？萬一村民勾結外面勢力驅趕自己又該怎麼辦？所以三鬧老兄一定會與村民達成一種默契，就是：我欺負你一點，但不過分；也因為我要欺負你，反而要在一定程度上保障你的安全，不然哪天你落跑離開，就沒人上繳保護費及貢獻勞動力啊！

所以大部分軍閥除非在自己利益被侵占的情況下才會出手，為了維護既得利益，反而是最不希望社會環境出亂子的保守派。

但這就奇怪了！一群企圖穩定的人，而且不乏清末受過先進觀念薰陶的才智之士（大軍閥，如：段祺瑞、馮國璋還是清末武備學堂留洋過的高材生），為何這些人湊在一起反倒成就中國現代史最令人不堪的混亂時代呢？

這一切，還是要回到開頭，也就是在袁世凱過世後，大總統寶座出現權力真空時，所有人都想到的關鍵問題：「誰、來、當、家？」

混水摸魚的依法繼承

如果有人說：「讓孫文來當總統！」請站起來找個牆壁，好好面壁思考。

大家應該要了解一個觀念：「要掌權，必須先有夠硬的實力！」所以直到袁世凱斷氣，都還在日本落跑且毫無武力基礎的孫文完全可以無視他的存在。當時的政府官員，對於總統接班人有兩種看法：一、找實力最強者來接班。二、按法律系統進行接班。

若按實力強弱來看待各方人選：段祺瑞，這位在檯面上掌管過最多北洋軍部隊，並獲得眾多北洋將領推舉的一線武將很有可能是總統繼承人！

事實上，根據一些資料的說法，當時就有部分北洋將領跑去跟段祺瑞說：「芝老（段祺瑞字芝泉，當時的人習慣拿人的「字」加上「老」做為敬稱），就你當總統，大夥都支持你！」

也不知出於什麼原因，段祺瑞卻連連搖手：「使不得！使不得！我不會當總統的！」

既然實力最強者不願取而代之，那只好用第二種方式：按法律程序接班，然後……問題出現了！

在袁世凱稱帝以前，有兩種國家根本法律：內閣制的《臨時約法》、總統制的《中華民國約法》。

按《臨時約法》，大總統無法履行職權時，由副總統遞補。

按《中華民國約法》，大總統無法履行職權時，則開啟金匱石室，取出由大總統認可的三名繼任者，然後按排行順序接班。

所以如果按《臨時約法》，接班者就是副總統黎元洪；那麼按《中華民

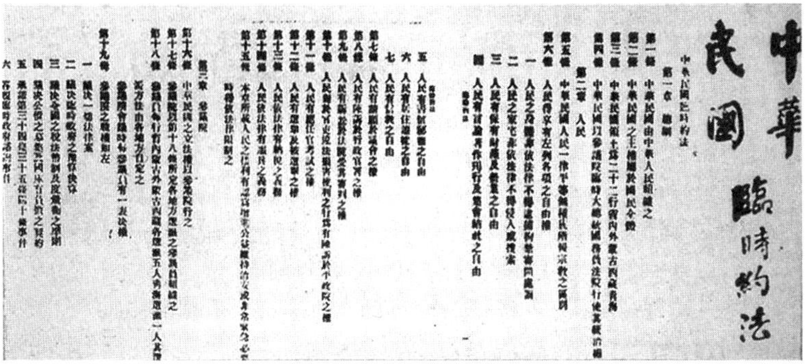
中華民國臨時約法

中華民國歷史上第一部具有憲法性質的《中華民國臨時約法》，於一九一二年（民國元年）三月十一日正式頒布。

國約法》，會有哪三位可以接班呢？這個問題在當徐世昌等人開啟金匱石室後，有了解答：

第一順位：黎元洪

第二順位：徐世昌

第三順位：段祺瑞

也就是說，無論是哪一套法律，時任副總統的黎元洪是理所當然的總統接班人。說到這裡，會不會有人表示：「那還有什麼問題啊？」

我的回答是：「接班人沒有問題，但接班的『制度』卻很有懸念啊！」

前面的論述其實埋了個伏筆，現在再強調一次：《臨時約法》是內閣制、《中華民國約法》是總統制。

各位明白了嗎？如果是以《臨時約法》來

接班，黎元洪就是個擺設，總理段祺瑞才是重要角色。

但若以《中華民國約法》接班，段祺瑞就只能一旁打醬油，然後看著黎元洪成為超級總統二代。

所以袁世凱死後，大家關注的重點已經不是誰來接班，而是要用什麼法律接班？

就在這充滿糾結，以至於各方勢力都充滿緊張氣氛的當下，徐世昌卻提出一個主張：「繼任總統應該依『法』誕生！」

徐世昌的這句話，以實施憲政的現代來看，各位可能覺得：「這不是廢話？總統死了當然按法律程序產生繼任人選啊！而且前面講了這麼多，不就在糾結要用什麼『法』嗎？徐世昌此話有講等於沒講啊！」

可是所有聽到此話的眾人，包括繼任總統黎元洪、內閣總理段祺瑞、繼任副總統馮國璋……等實力派，他們的反應是：「好！就依你所說去辦。」

許多人際溝通課程告訴我們：「把話講清楚是種學問。」而老ㄕ看完以上故事，不禁感嘆：「把話講不清楚，還能把事辦成，那更是高深莫測的學問！」

徐世昌這種俗稱「和稀泥」的說法方式，要訣不是把話講不清楚，而是把狀況搞得清清楚楚，接著吐出一句符合眾人最大公約數利益的語彙。

就像「依法辦理」的主張看似含糊不清，但也就是因為含糊不清，對於當時的相關人士，就可以有各自不同解讀。

好比段祺瑞，他認為這個「法」是傾向內閣制，這樣他就能掌握大權。而補上副總統空缺的馮國璋，認為這個「法」是總統制，這樣未來有機會在繼承總統職權後一步登天。

徐世昌。

至於黎元洪，他老兄手中無兵，背後也無嫡系政黨撐腰，要是把法律說得太清楚，對他沒有好處（若說是內閣制，自然就是拱手讓權給段祺瑞；若說是總統制，難保手握兵權的段祺瑞不會明刀明槍地把人轟下台），反倒現在不清不楚的，黎胖子還能藉機混水摸魚，撈到一番好處。

總之，在強人逝世、政局動盪的民國五年，竟能在沒任何煙硝味的情形下讓各方勢力妥協並順利完成政權轉移，老ㄕ真是要感嘆徐世昌的一語定乾坤：「閣下真不愧是能跟老袁打交道，並讓他深感佩服的政壇老狐狸啊！」

「運氣來了，城牆都擋不住！」

黎元洪應該對這句話有很深的體悟，因為他本不屬北洋集團，而且也沒有武力奧援或所屬黨派，最終卻獲得眾人都想要的總統大位。段、馮二人雖對這結果不滿意，但勉強能接受，反正黎胖子是個沒後盾的軟腳總統，他待在總統位子上，將舒緩段、馮二人的權力之爭，因為這兩人的目標將一致針對黎元洪！

中華民國第二任大總統——黎元洪。

黎元洪很清楚地意識到段、馮二人的敵意，所以他決定先向聲勢較高的段祺瑞釋出善意，因此黎大總統上位的第一件大事，就是宣布：「恢復《臨時約法》！」

按《臨時約法》的主張，內閣總理段祺瑞得以職掌大權，對本可堅持總統制的黎元洪而言，真是極大的讓步，這使得段祺瑞雖然對黎元洪仍持敵意，但有了起碼的尊重。同時，在黎元洪主張下，以前被宣布非法的國民黨議員得以恢復官職並重組國會，舊有的部分革命勢力，自然對黎元洪頗有好感。

於是在眾人的相互調解及讓步下，即便有著許多衝突因素，中華民國還是在黎元洪任總統、段祺瑞任總理，並執行《臨時約法》的架構下，展開了「後袁世凱時代」。

第二章

府院之爭

在民國初年的政局發展中，《臨時約法》是個陰魂不散的存在，因為它時常推出也時常被廢除，而每次它一旦更動，全國政治就跟著受到牽連。既然《臨時約法》有如此大的政治能量，我們不得不對它有稍微的了解，如此一來更能理解它在那個時代的影響性。

依據《中華民國臨時約法》，國務總理所擁有主要權力為：

1. 提名國務員（也就是內閣成員），經由國會同意後由臨時大總統任命。

2. 臨時大總統提出的法律案、發布的命令，要有國務總理的副署。

3. 擔任國務會議的主席。為保持行政中立，國務總理對各部總長的命令或處分認為有礙時，得先予以中止，再由國務會議決定。

4. 國務總理依其職權或特別委任，得發布院令；就所管事務對地方長官發布訓令和指令。

大家尤其注意第二條，也就是「總統提出法案須有總理副署才能通過」；換句話說，總統做事還需總理同意，這代表總理權力在總統之上，也就是傾向內閣制的概念。

所以在黎元洪宣布恢復《臨時約法》後，段祺瑞就成為後袁世凱時代中的實際掌權者。不過大家可別以為段祺瑞一呼百諾的時代從此來臨；事實上，段祺瑞這個總理當得挺彆腳啊！

內閣制的運作

這裡老ㄕ要先問幾個關於內閣制的問題：什麼是內閣？誰有能力指揮及選拔內閣？

說實在話，本人並非政治系出身，太深奧的道理搞不懂，也難說清楚，因此以下僅是基礎的論述。

內閣制最具代表性的國家就是英國了！話說英國每隔幾年就會進行國會大選，各黨派都會推出他們的代表競爭國會議員的席次，大選結束後，總有那麼一個政黨掌握國會過半數的席次，成為執政黨。

（尤其英國自古以來，通常就是兩個政黨實力較為突出。比方說：騎士黨VS.圓顱黨、保守黨VS.自由黨、保守黨VS.工黨，通常就是由其中一個

政黨過半數執政。

而前幾年英國有一個第三政黨——自由民主黨興起，它的實力雖比不上國會兩大政黨，可當兩大政黨都無法獲得過半席次時，它卻成為所謂的「關鍵少數」；也就是兩大政黨中的勝利者，需要找自由民主黨合作聯合組閣，才能掌控政局並壓制對手。

不過最近一次國會大選，保守黨大獲全勝，獨立拿下過半席次，所以似乎又回到了傳統兩黨制的情況。）

執政黨的黨魁（也就是黨領導人）會成為英國首相（若是德國，職位則叫總理），而首相就會找人組成內閣。這其中包含：國防大臣、財政大臣、內政大臣、衛生大臣……等等職位，成為他的施政意見班底及負責實際運作政務。

這一票內閣成員可以提出眾多施政方向，但能不能實施，卻要回到國會讓議員多數決通過後，才能正式實施。按正常邏輯推理，首相及內閣的提議都會在國會通過，畢竟首相就是國會多數政黨的領導人，除非提出的意見太差勁，否則多數議員不會給自己領導人打臉的。

在此制度下，首相掌控了行政權還有大部分的立法權，得以順利運作他理想中的政務。

有些人可能就會跳出來說：「這不對吧！首相掌握這麼多權力，要是他亂搞，不就沒人制衡了？」

放心！首相要是亂搞，搞到自己所屬黨派議員都有人看不下去，國會議員就會發動「不信任案」宣布倒閣。這時首相就被迫面臨兩種選擇狀況：

一、接受倒閣辭職，並讓所屬多數黨提出另一領導人選繼任首相。

二、藉由反對不信任案，呈請國王解散國會，立刻進行大選。

如果是選擇一：

雖然首相要下台回家吃自己，可是所屬政黨仍能保有執政黨地位。

如果是選擇二：

在國會大選後會有兩種情形，一個是原執政黨獲勝，首相能繼續領導國會推動政務；另一個是在野黨獲勝，首相不但下台，所屬政黨還要交出執政地位。

所以太有爭議性的提案，首相通常會嚴肅考慮或進行修正後，才敢拿到國會討論，以防不信任案的情況發生，這就形成立法權牽制行政權的力量。

回過頭來看民國的段祺瑞，他之所以是彆腳總理，因為他老兄雖是執政者，問題是：國會多數黨不挺他啊！

原來黎元洪繼任總統後，當初被袁世凱解散的民國第一代國會，也就順勢復活；還記得哪一個政黨在此國會中是第一大黨嗎？就、是、國、民、黨！

各位回想國民黨與北洋集團之間的恩恩怨怨，這個國會對北洋之虎段祺瑞能有多少好感？所以在許多提案上，這些國會議員不但勇於杯葛，部分人士甚至與「相對」有好感的黎元洪結合成了一股勢力。如此一來就形成了擁有行政權的段祺瑞（國務院勢力）V.S. 掌握部分立法權的黎元洪（總統府勢力）相互對掐的局面，這也就是在民初引發一連串動亂的「府院之爭」。

有趣的是，雖然黎、段兩人彼此互相看不上眼，而且在權力結構上，他倆注定相衝；可這兩人一開始其實還滿有涵養，甚至很為對方著想。

例如袁世凱剛去世時，段祺瑞拜訪黎元洪請他繼任總統。首先是段祺瑞登場，並向黎元洪鞠躬，接著黎元洪客氣幾句，請段祺瑞就坐。

然後兩人坐下後，開始互看對方，十分鐘過去，沒說話就是沒說話……

二十分鐘過去，兩人還是沒話說……

三十分鐘過去，兩人話沒說半句……

這讓陪伴段祺瑞同行的張國淦在一旁看傻了眼：「你們倒是說話啊！現在是在演內心戲嗎？」突然，段祺瑞冷不防地起身跟黎元洪握手，並轉過身來跟張國淦說：「黎總統這裡沒人，你留下來幫幫他吧。」

說完，揚長而去。

對於剛繼任總統的黎元洪來說，的確需有人幫他處理具體事務，而張國淦在清末就跟著袁世凱處理大小事務，加上與革命黨、北洋集團關係融洽，讓他來當秘書協助總統，那真是再適合不過。可見黎、段二人在某些地方還真是不計前嫌地合作。

可接下來，兩人之間卻出現了摩擦。

除了前面提到府院之間必然的權力衝突外，有一位老兄也不斷在這兩人之間製造濃厚的煙硝味，那人叫徐樹錚。

動亂的種子

徐樹錚，字又錚，江蘇省徐州府蕭縣官橋鎮醴泉村人。

他老兄年輕時可了不起，十三歲就考上了秀才。可惜，也就了不起那麼一下，接下來他沒能進一步考上舉人。

其實徐樹錚考不上也純屬正常，除了舉人難考外，他考試那年也才十八歲啊！

想想《儒林外史》中的范進到了五十多歲才中舉，十八歲落榜就當作累積經驗值嘛！但徐樹錚才一次失敗，卻立刻宣布：「老子不再跟那些八股文章琢磨！現在我就是讀些實際有用的學問，比如兵書、議論時政。」

徐樹錚的想法其實並非不靠譜，清末的變局中，有些人才往往不透過傳統科舉獲得晉升，而是因為一技之長而在官場闖出地位。比如：晚清四大名臣之一的左宗棠就沒有科舉功名，而是憑著軍事才幹，先是給大官當幕僚，後來獨領大軍作戰，之後靠著平定太平天國，以及收復新疆，漸漸爬升至封疆大吏，還有入主中央最高權力機構——軍機處的地位。又比如：北洋將領中的馮國璋也是在考不上舉人的情形下投身軍旅，後來成為有權有勢的一線武將。

所以在苦讀多年後，徐樹錚於一九〇〇年出發前往山東，因為他聽說那裡的巡撫總是破格用人，他決心把握機會一展所長，而那位巡撫……叫做袁世凱！

徐樹錚。

可惜徐樹錚運氣不好，他找到袁世凱並遞上自己的意見時，袁世凱的母親卻去世了。

按照當時習俗，這是有重孝在身，不方便隨便見人。所以袁世凱指派一位官員接待，而不幸的是這位負責面試的官員，跟徐樹錚一樣都是一副硬脾氣，兩位心高氣傲的人物彼此一見面就互看不順眼，於是那面試官草草接待後就端茶送客。

有道是：「危機就是轉機」，求見袁世凱未果的徐樹錚，之後在住旅店期間一時興起，拿筆揮毫一番，然後正巧給經過的段祺瑞碰上了！

段祺瑞盯著眼前的落魄書生想：「這小子字寫得不錯，衣服雖然窮酸，但眼神卻很有神……」於是他走到徐樹錚面前說：「願意跟著我做事嗎？」

自此徐樹錚成為段祺瑞的幕僚，並特別受到段祺瑞欣賞及重用。

兩人合作關係之密切，可從幾件事看出：

話說武昌起義後，段祺瑞被袁世凱任命為前線指揮官，但老袁真正的用意不是為了平定革命軍，而是要段祺瑞在關鍵時刻率領軍隊支持袁世凱逼清帝退位。

此後，段祺瑞在湖北孝感這個地方，聯合眾多軍官向清朝政府發出「立定共和政體」逼宮電報，這封電報就是徐樹錚草擬的！

（段祺瑞在民國建立後，常對人說：「我之所以能起家，就是因為通電支持共和啊！」

甚至當年段祺瑞反對袁世凱稱帝，其中一個理由就是：「當年我通電支持共和，現在若是又支持袁項城稱帝，老百姓會怎麼看我啊？所以我是寧願辭職都不願支持啊！」

由上述兩段話，可見段祺瑞對當初湖北孝感的電報發文有多看重，那負責草稿的徐樹錚有多受信任，就不必再多做形容了。）

後來段祺瑞當上陸軍總長，可這人有個毛病……總是不去上班。

（袁世凱有次詢問段祺瑞：「有件事情，你辦得怎樣？」

段祺瑞：「我回部門查一查。」

袁世凱非常不高興地說：「那件事的相關公文早就批閱完，並送來我這裡，你還說要回部門查看？是要查什麼東西啊！」這讓習慣摸魚的段祺瑞頓時難為情到不行。

事後，袁世凱還對人發牢騷：「瞧瞧我們北洋集團成什麼樣？馮華甫每天睡到十二點才起來做事！段芝泉老不去部門辦公，倒是每晚固定打八圈麻將！」）

哇？那眾多事務該怎麼辦？

段祺瑞表示：「小徐不是陸軍次長嗎？以後大小事都交給他來辦吧！」

更讓老ㄕ感到不可思議的是，段祺瑞授權給徐樹錚也就算了，還不許別人說他一點壞話。

比如有次袁世凱說：「我想把徐樹錚調職，因為此人太恃才傲物……」

結果段祺瑞立馬回：「總統要想掉他的職，那先把我免職！」

又有一次，同為北洋三傑的馮國璋說：「別被左右（暗指徐樹錚）所誤啊。」

把府院關係搞得一團糟的徐樹錚。

段祺瑞表示：「人家說馮華甫是狗，現在來看，是連狗都不如！」

為了一個下屬，竟直接跟老上司還有同袍嗆聲，這究竟是怎麼一回事？至今仍琢磨不出道理的老ㄕ只能說：「每個人總有他的堅持。」

如此堅持，使段祺瑞當上內閣總理

後，立刻將小徐安置在國務院秘書長的位置，此職位常需要往返府院之間遞送公文，而黎元洪一看這人要當秘書長，連忙找人聯繫徐世昌說：「麻煩你跟段總理說說，一萬件事我都依他，但他要任命徐樹錚當秘書長，這我實在無法同意。」

徐世昌則表示：「依我看，總統你可以一萬件事不答應段芝泉，但他要任命徐樹錚，這事你卻不得不辦啊！」

由此可見，黎元洪本就受不了狂傲氣質的徐樹錚，可段祺瑞就偏要用他，然後小徐也不負重望地穿梭府院之間，並把這兩大權力機構間的關係……搞、得、一、團、糟！

有一次，徐樹錚跑來找黎元洪，為任命福建省三位廳長的人事命令，請求大總統蓋印。

黎元洪心血來潮地問徐樹錚：「這三人的出身背景還有經歷如何？」

結果徐樹錚竟然回答：「現在是責任內閣制，由總理負責此事，總統不必多問！」

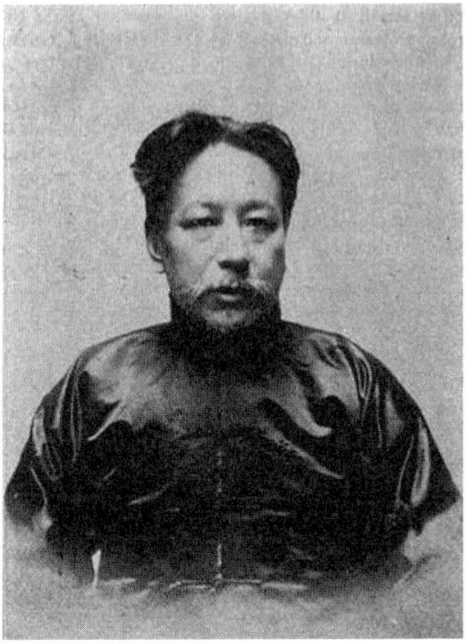
孫洪伊。

這話當場哽住了黎元洪，因為他這總統的確沒有人事任命權，頂多就只有蓋章通過的份。但他問一下官員出身又怎麼著？難道這點小事都不能過問？就算沒必要過問，那你一個小小秘書長有必要用這麼打臉的方式回我話嗎？

可是黎元洪沒想到的是……徐樹錚的發言還沒結束哩！

只聽徐樹錚又說：「請快點蓋印，我很忙！」

大家設身處地想想，就算你不是總統，先假設自己是公司的老闆或是主管，甚至就只是朋友之間的對話，語氣真是有夠不客氣，甚至到沒禮貌的地步，黎元洪能忍得下這口氣嗎？

所以等徐樹錚一離開，黎元洪立刻怒吼：「我以前受辱袁世凱，接著又受辱段祺瑞！真是自取其辱啊！」

一口氣沒發完，另一口氣又湧上來：「現在哪裡是什麼責任內閣制？我看根本就是責任秘書長制啊！」

徐樹錚對黎元洪的態度，所有人都看在眼裡，每次他一來總統府，下人就彼此說：「你看秘書長又來欺負咱們總統了。」

這連帶使本來就有芥蒂的黎、段二人越看彼此越不順眼，偏偏此時又有一人加入這個渾水中，讓府院兩大集團關係更加緊張，那就是孫洪伊。

孫洪伊，字伯蘭。

當時擔任內務總長的他傾向支持黎元洪。有道是：「護主心切」，孫洪伊常為了捍衛黎元洪的總統權威，藉機對沒好感的段祺瑞、感冒透頂的徐樹錚嗆聲。

雙方較勁最猛的一次是在內閣開會，孫洪伊滔滔不絕地談論政務時說得口沫橫飛，而且越說越來勁，站在一旁向來囂張慣了的徐樹錚立馬站起來說：「孫總長！你不要目中無人！須知智者千慮，必有一失，難道除了你自己以外，別人就沒有資格發表議論嗎？」

面對沒事找碴的徐樹錚，孫洪伊冷笑道：「此處是內閣成員會議，等足

下進入內閣後，再來說話也不遲！」*

徐樹錚面對嘲諷，忿忿說道：「我是國務院秘書，也算是國家任命的官員，並非絕對沒有言論權；況且現在是共和國體，無論什麼人，均有上書言事的權利。孫總長平日自命維新革命，為何反而效仿專制時代，禁止別人議論呢？」

孫洪伊哼了一聲說：「那你何妨先向總理陳明？如果真的是利國利民，我等無不贊成。足下既可以避免被埋沒，又可以避免承擔越職的過失，這難道不是一舉兩得嗎？」

孫洪伊這話合情合理，徹底哽住了徐樹錚。

但對於徐樹錚來說，看到一個「小咖」在他前面跩爆地說：「啊！你不是一天到晚仗著自己有秘書長身分霸凌人嗎？現在我要你認清事實，在我這個內閣成員面前，你這個秘書長不過就是個沒權力的鱉三。怎樣？我現在就是欺負你沒職權而我有職權！有種打我啊！」

徐樹錚氣炸了！於是他使用了一種相當低級的招數：牽拖！

只見他不懷好意地說：「孫總長！你叫我們不能越俎代庖，為什麼你自己又串通報館，洩漏兩院間的秘密？」

孫洪伊這下也火了，怒道：「你講這事有何證據？」

徐樹錚冷笑著說：「你不必問證據不證據，想一想有沒有這回事？」

情況演到這裡，哪裡是什麼國家討論政務？根本就是兩個政治地痞，互相給對方潑糞挖瘡疤。接下來這兩人還像小學生吵架似的，一起跑到段祺瑞面前互相指責。

這讓段祺瑞鐵青著臉說：「這裡是會場，並不是喧鬧場，孫總長也未免有失體統了！」

徐樹錚得意地說：「孫洪伊你看吧！我有段老總罩著！」

可是黎元洪接著表示：「孫總長雖然太性急，徐秘書亦未免欺人。」

孫洪伊一整個抖擻：「徐樹錚你瞧瞧！我有黎老總罩著！」

然後黎段二人互看對方一眼，心裡同時想著：「好小子！打狗也要看主人，敢打我的狗？也不看看是誰在罩著！」

＊徐樹錚的職務為秘書長，按規定只能處理總理的周邊事務，卻無討論政事的權力，所以孫洪伊的話簡單來說，就是：「這、沒、你、說、話、的、份！」

過一陣子，徐樹錚趾高氣昂地拿了封人事命令，對黎元洪說：「總統請蓋章。」

黎元洪拿起來端詳一番，隨即憤然表示：「我、拒、簽！」

原來那是段祺瑞將孫洪伊撤職的命令，這可捅破了馬蜂窩，讓黎段兩人的衝突正式檯面化。

面對府院雙方在人事命令的僵持，超級老官僚徐世昌只好又跑出來和稀泥。

他的建議是：「既然雙方矛盾這麼大，那就把孫洪伊跟徐樹錚一起免職，避免衝突吧。」

此話一出，幾乎人人拍手叫好。畢竟大家早就看「囂張小徐」及「酸人老孫」不爽，這兩人一起下台，可謂眼不見為淨，耳根子也跟著清靜。

但所謂的「和稀泥」，只是把問題暫時壓下，卻沒有從根本來解決。徐世昌的行為，就像面對一鍋要被烈火燒乾的滾水，只是不斷加下一小匙、一小匙的冷水，乍看之下是舒緩狀況，實則無濟於事。

雖然大部分人對徐世昌的建議拍手叫好，但仍舊有人對此感到不滿。被免職的孫、徐二人自然不會有好心情，但真正感到怒火中燒的卻是黎、段二人；面對各打五十大板的雙輸結果，他們有著同一念頭：「好小子！咱們以後走著瞧！」

走著瞧的時刻很快到來，而且還是伴隨著一個影響全世界的重大事件而起。

一九一四年，第一次世界大戰爆發。當時歐洲各國形成以德國為首的同盟國陣營ＰＫ英法為首的協約國陣營相互對戰的局面。起初雙方打得頭破血流、勝負難分，但到了一九一七年，發生一件打破雙方平衡的大事……美國參戰！至此，連德國人都認為：「這場戰爭必敗無疑！」眼看大勢底定，一些國家例如希臘、葡萄牙趁機加入了必勝的協約國陣營，打算在戰後撈一小筆利益。而隨著美國總統威爾遜邀請當時的中國政府參戰，使本來保持中立的中國，開始出現新的局勢變化。

面對參戰與否，執政的段祺瑞總理的回答很明確：「當然參戰！」

前面已經說過，有美國助陣的協約國必勝無疑。

中國若是參戰，首先的利益就是能夠暫緩償還清末以來的戰爭賠款；再來還可以以參戰為由，向英法等國借外債，暫時解決財政危機；甚至還有人異想天開地表示：「我們若是戰勝國，不就跟西方列強平起平坐？說不定可以跟洋人談判，要求免除所有戰爭賠款，以及收回租借土地啊！」

以上想法是異想天開，因為就算中國參戰，能提供的資源也很有限。事實上，後來參戰的中國，也只派了數千名工人跑去歐洲挖戰壕。若依此表現，還不如大英帝國底下的殖民地印度，人

一九一四年一戰爆發，以德國為首的同盟國陣營，向英法為首的協約國進軍。

家可是派了十萬壯丁，填補了大英帝國傷亡慘重的軍事人口。憑著微薄的功勞就想獲得巨大利益當真是肖想！但有件事，倒真有八成的把握可以爭取：「收回德國在山東半島上的特殊權益！畢竟我們若是戰勝國，總可以從德國這戰敗國手中要些好處吧！」

總之，為了撿這現成便宜，段祺瑞與匆匆地舉行國務院會議，並於一九一七年三月三日通過「對德絕交」的提案。

為了使提案正式實施，段祺瑞在第二天率全體閣員前往總統府，希望黎元洪蓋印通過，然而恐怖的

一幕出現了……黎大總統表示：「我、拒、絕！」

雖然黎元洪及段祺瑞早在先前孫、徐二人的事件中撕破臉，但那頂多是涉及國內的人事任免，現在府院雙方卻在是否介入戰爭的重大國策上出現分歧，這兩個狀況的重要等級是完全不一樣的！看到這裡，不知是否有人會如此批評：「黎元洪太不識大體！參戰對中國百利而無一害，何必為個人恩怨而反對？」

如果你這麼想，那真是把政治想得太簡單了！因為黎元洪此時反對的不僅是段祺瑞，而是包含段祺瑞所代表的北洋集團及國務院勢力。要說《臨時約法》有什麼缺失，那就是總理跟總統的定位不明，因為在歷經種種波動後，《臨時約法》竟然出現了類似法國雙首長制的精神，也就是總統跟總理都有部分權力（當然，總理的權力較高，這是因為革命黨人想限制當時即將繼承總統的袁世凱）。

曾有人這麼說：「與其說民主是一種制度，不如說民主是一種生活方式。」

換句話說，制度設計得再好，也需要有相關涵養的人群遵守並實施。而

邀請中國政府參與第一次世界大戰的美國總統——湯瑪斯・伍德羅・威爾遜。

民主政治其中一個概念——分權制衡，是為了避免權力過於集中在某一人或某一集團，所以形成互相監督的制衡，但分權有著更高一層的用意：成就及妥協。

理論上，權力制衡不是給人扯後腿、穿小鞋，它的最高理念應該是「為贊成而反對」，也就是為了完善政府機關的運轉以及保衛個人的權益，所以要找出瑕疵漏洞，並提出改善的建議，去「成就」出一個各方皆認同的結果。

當然我還是要強調，人們在許多事的初衷或是設想都是很美好的，但在實施過程會逐漸變質。所謂「所有人都認同」，這在現實生活中幾乎是不存在的，因為各方皆會有自己的堅持，所以這時大家願意在不違背大利益的狀況下，對自己小部分的損失做出「妥協」就顯得相當重要，如此一來才能讓政務順利運轉及達成協商的目的。

有沒有覺得上述老ㄕ所說的非常美好……美好得根本不像會在現實生活中發生？

事實上，即便是實施權力制衡的英、法、美等老牌民主國家，都是歷經長久的調整，才定出一個可行的權力結構，並形成各自對民主的概念及解釋；但即便如此，它們仍有各自的政治亂象。對於當時剛實際運作民主沒多久的中國而言，這一套制度及概念實在是過於深奧及陌生，以至於根本適應不良。

第一次世界大戰歐陸戰場的激烈戰況。

就好像當時段祺瑞提出的「對德絕交」提案，不僅在法律程序上沒有問題，穩賺不賠的回饋又是如此明顯，但黎元洪為首的總統府勢力卻對此視而不見，反倒是想：「若總統府同意國務院，那國務院的權威不就更高，我們總統府的勢力就更弱了？所以我們反倒要實行擁有的封駁權力，阻止國務院進一步擴張。」換句話說，黎元洪此舉其實是將自身或集團利益置於群體

美國參與第一次世界大戰時的徵兵海報。

利益之上，代表勢力較弱的權力組織，期待透過一些手段遏止另一膨脹的權力機構。

但各位別以為黎元洪等人自私，若從他們的立場出發：「自己都快完蛋，還管別人好活？」這種利己的角度思考，不過是人之常情罷了（雖然老ㄕ要強調：人之常情卻並非意味就是正確）。

黎元洪此一行為，並非只有總統府人士贊成，許多國會議員及地方軍閥也是表態支持，因為那些國會議員及軍閥通常都非北洋集團出身，面對長期主控中央政府的北洋勢力，自然是要找機會反對一番。在種種因素下，這才使得黎、段二人對「參戰」有不同態度，並在涉及各方勢力長期以來的利益糾葛下，將過往壓抑的怨氣一口氣爆發出來！

所以「對德絕交」提案雖然在副總統馮國璋的調解下，讓國會宣布通過，但當段祺瑞進一步要對德「宣戰」時，又引起各派勢力的紛爭！當時多位內閣成員辭職以示抗議，而國會成員更趁機對段祺瑞提出不信任案，也就是要解散內閣進行改組。黎元洪一聽到要改組內閣：「那正好！這表示段祺瑞有可能下台，之後可能出現一個反參戰的新內閣，還不趕緊解散改組！」

於是在五月二十一日，黎元洪下令撤銷了段祺瑞的總理職務。這讓收到撤職令的段祺瑞氣憤填膺！他表示：「按《臨時約法》，總統無權撤銷總理職務，我絕不承認這道免職令！」

按法理分析，黎元洪的做法的確有問題，不信任案的正常程序，應該是總理呈請總統解散國會，重新進行大選。若是大選失敗，所屬政黨或勢力未成為國會多數席，才能有新總理替換；或是段祺瑞接受不信任案，自個兒辭職下台。總之，不管哪種方式，黎元洪的確沒有權力免除總理職位。

可打從徐世昌一開始提出依法辦理，卻沒解釋這「法」到底是啥的時候，法律的地位就已被模糊及弱化了！如今演變成如此局面，實在是當時跟著

和稀泥的眾人咎由自取啊！

之後，段祺瑞憤然離京，前往天津，並宣布自己不會接受黎元洪的撤職令。看到北洋老大哥受委屈，眾多北洋督軍宣布所在行省獨立以示支持，並指責黎元洪濫用職權！

這下可好了！中國還未參加世界大戰以前，倒可能先來場內戰，這讓黎大總統慌了手腳，需要有人幫忙調停眼前的亂局。

這時老ㄕ想問大家：「如果你是黎元洪，找誰調停？」

張勳。

徐世昌？好答案！但不夠好！因為這位北洋老相國只是文人，在關鍵時候，恐怕沒有硬實力能震懾那些鬧獨立的軍閥。

馮國璋？好答案！但也不夠好！北洋之犬的確壓得住場面，但對黎元洪來說，卻無疑是自找麻煩；因為馮國璋可能趁虛而入，瓜分掉他所剩不多的權力。

那誰是有軍隊、有威望、沒太大權力卻能調停危局的人呢？最終出線的是一個乍看不錯、實則糟糕透頂的人選；這個結果不但讓亂局更亂，還將鬧出民初政壇上的一場天大笑話。

「煩請徐州督軍張勳，入京協調。」

第三章

張勳復辟

慈禧說張勳是個心繫大清的忠臣。

一提到張勳，相信大家就想到兩個字……復辟！

作為民國史上的名人，張勳能在歷史課本上留下不可抹滅的一段事蹟，就是源自他在府院之爭的背景下，被黎元洪急電入京調停，演出一場復辟鬧劇。

可以這麼說：「黎元洪不找他，這劇還無法上演哩！」

所以老ㄕ要問大家：「黎元洪為何找張勳協調府院衝突呢？」

再一次強調，我們不能以現代人的眼光去檢視歷史。如果可以，反倒要儘可能以當時人的視角去思考，許多被現代人視為荒謬至極的事，其實在當時卻是理所當然的存在。所以回答這個問題前，先來介紹一下張勳吧！

張勳，字少軒，江西奉新人。

幼年父母早喪，為求溫飽而參軍，之後在中法戰爭中因表現英勇逐漸受到提拔，並在一八九五年（光緒二十一年）投靠袁世凱。要說張勳在袁世凱底下最亮眼的戰績，應該是他在山東鎮壓義和團時，曾一口氣誅殺了五百多位拳民，是老袁所有手下中，下手最狠、作戰最賣力的，因此被提拔至總兵的地位。

可我懷疑老袁對他其實並不待見，因為相比時常安插在身旁重用栽培的北洋三傑，老袁竟在一九〇一年就讓張勳調任北京了。

這次調任，張勳先是擔任慈禧太后、光緒皇帝的御前護衛，然後在八國聯軍攻進城，慈禧與光緒出逃至西安旅途中，他善盡護衛職責，即便在大雪紛飛的夜晚仍忠心耿耿地上崗站哨。

這讓慈禧認為：「此人是心繫大清朝忠臣，值得信賴。」老張也因此高升至江南提督的位置（管轄江蘇一帶的軍事，是僅次於兩江總督、江蘇巡撫的第三號軍方人物）。甚至等到武昌起義爆發後，清政府還授予他江蘇巡撫兼署兩江總督、南洋大臣的地位，讓他有機會在江蘇一帶發展自己的勢力。

一九一七年五月，督軍團於北京開會後合影。前排右起：蔣雁行、曹錕、張懷芝、孟恩遠、王占元、李厚基、閻錫山；中排右起：師景雲、徐樹錚；後排右五起：倪嗣沖、陳光遠、靳雲鵬。

可是在兩江總督任內，張勳的戰績頗為難看。武昌起義時，革命黨人聯合浙江、江蘇兩省的新軍士兵組成了江浙聯軍，就把坐鎮南京的張勳給打跑了！（與此同時，北洋三傑之一的馮國璋卻幾乎把湖北新軍打爆。）

之後孫文發動二次革命，然後黃興指揮著江蘇的革命黨軍隊竟又把老張打跑一次！（接著又是馮國璋率軍擊敗黃興，鎮壓了二次革命的主力。）

從戰績來看，張勳並非北洋將領中的一流戰將，可是此人仍是悍將一名，而且待在江蘇一段時間，算是有其分量的地頭蛇。

所以袁世凱在民國時授予他「定武上將軍、江蘇督軍、長江巡閱使」等官職，並駐紮在徐州，成為長江地區一股不容小覷的軍事力量。而老袁過世後，張勳更成為「督軍團」的領袖。

何謂督軍團？那是一九一六～一九一八年間開始出現的鬆散軍事同盟。自袁世凱去世後，無人能再掌握所有的北洋軍，加上老袁生前為了壓制各地的反抗勢力，讓部分將領率領部隊離開中央進行軍事行動，這些將領也因此藉機在地方上扎根，擔任一省的督軍，形成割據勢力。

（比如：二次革命期間，李純率北洋第六師來到江西鎮壓國民黨部隊，後來他仗著這支部隊在地方經營勢力，甚至被時人稱為「長江三督」之一。又比如：老袁曾命陳宧率部隊入川鎮壓蔡鍔的護國軍，結果陳宧先是消極應付老袁，甚至後來成為四川其中一位角頭。）

這些分散各地的督軍為了顯示他們的影響力，就在張勳的號召下，召開了督軍團第一次徐州會議。表面上，督軍們聚集原因是為了「抵制暴烈分子參預政權」（暗指國民黨），實際上就是向中央政府叫囂，表示自己是有軍隊撐

腰的地方角頭。

那為何督軍團會議就要選在徐州舉辦呢？一來是張勳年紀較大，在眾將領中，是較有威望的前輩；二來是徐州交通位置便利，京滬線、隴海線兩大鐵路幹線就在此交會，來往方便。

既是東道主又是前輩，張勳因此有高於其他督軍的地位，聲勢甚至不輸給段祺瑞、馮國璋，這也是為何黎元洪要找他入京調解的原因。

可黎大總統卻萬萬沒想到……自己根本是找了個災星來搗亂啊！

在民初眾多軍閥中，張勳絕對是外表最具有特色的一位。因為即便清朝滅亡後，他老兄頭上還是留著清朝的辮子髮式，所以被稱為「辮帥」。而且他不單給自己留，連底下的士兵也一律留辮，因此又稱其為「辮子軍」。

我想這些外貌特徵已經很清楚呈現張勳的立場，甚至當時的人都清楚知道：

他、支、持、清、朝！

其實在民初支持清朝的人物，還真不只張勳一個。當清帝遜位後，愛新

（上）張勳的「辮子軍」；（左下）陳寶琛；（右下）鄭孝胥。

覺羅家依照「清室優待條件」仍能窩居在紫禁城後半部的大內後宮之中，組織一個獨立的小朝廷。雖說這小朝廷平常能處理的事務，無非是哪座宮殿要修繕、錢不夠用時要先典當哪項物品、小皇帝哪些行為舉止要注意……之類芝麻蒜皮小事，但仍有一大票官員為滿清皇室效命。像是溥儀的師傅陳寶琛、日後滿洲國總理鄭孝胥，他們成天就為溥儀出謀劃策，滿腦子想著如何讓滿清王朝復辟，使愛新覺羅家重返三大殿執政。

除了直接任職紫禁城小朝廷的官員，還有一些前清官員對清朝抱有濃厚的感情，這些代表包括：北洋之龍——王士珍、北洋老相國——徐世昌。前者在清朝垮台後，就從軍政界引退，對於民國官職愛理不理，後者則和溥儀的老爸，也就是前攝政王載灃互通訊息。據溥儀所說：「如果復辟有分勢力派別的話，張勳算是一個，徐世昌就是另外一個。」

以上人士早在清末就投入官場，可說是深受朝廷恩待，所以他們對清朝有感情，那是挺合理的。不過，老ㄕ接下來還要舉一個人的例子來證明即便民國建立，大清朝卻仍有無遠弗屆的影響力！

王國維，字靜安。此人可為民初學界的大神級人物，他與梁啟超、陳寅恪和趙元任號稱清華國學研究院的「四大導師」！並且與羅振玉、董作賓、郭沫若合稱「甲骨四堂」，是甲骨文的研究專家。

他還提出了「二重證據法」，也就是以「地下之新材料」（考古出的器物）補充「紙上之材料」（前人的歷史記載），直到現在仍是歷史研究的重要理論基礎！

不過此人最傳奇的一點，並非學術上的成就，而是他的死亡方式……在北京頤和園投昆明湖自殺！究竟他為何如此想不開？這成為學術界的一大謎團。但其中一種主流解釋，就是王國維先生是為了清朝殉國。

那請問：清朝給過王國維什麼好處嗎？答案是……沒有！因為他從未在清朝擔任一官半職，沒領到半毛錢的薪水。（即便如此，後來當溥儀號召他擔任「南書房行走」的官職，他卻飛也似的響應，可見此人力挺清朝的態度。）

講王國維的例子，只是想告訴各位，「百足之蟲死而不僵」。清朝雖亡，可它的影響力沒有消散。尤其當時民國政局紛亂，有些輿論表示：「還是有皇上時比較太平啊！」所以「大清復辟」在民初並非是荒謬之事，反而是不

（左上）陳寅恪；（右上）王國維。（左下）羅振玉；（右下）趙元任。

時被拿出來討論可能性的議題。

而紫禁城的小朝廷也察覺到投機的可能性，所以他們私底下可謂活動不斷，像是：有事沒事捐款收買民心、花錢結交外國勢力、和前清官員多有聯繫……不過大部分人士都很清楚一件事：改朝換代不容易啊！所以「復辟」這檔事只能像溫水煮青蛙，慢慢地以小火升溫，靜待轉機出現，以及時機成熟。

無奈張勳與上述人物相比，卻像個喜好猛催大火的熱炒店二廚，一逮著黎元洪給他主持大局的機會，立刻磨刀霍霍，迫不及待地要將「復辟」大菜快炒端上桌！

幸好，張勳畢竟在清末民初的軍政界打滾多年，雖然性子急，但還是做足準備好謀劃大事。就讓老ㄕ為各位說說張勳的打算吧！

一、軍事謀劃

要幹大事，沒軍隊怎麼行？所以張勳進京帶了五千辮子軍。（有一說是三千人但張勳當時帶去的部隊，規模是十個營，而一個營在清末民初，通常遠超過三百人；若以此推斷，張勳入京的部隊數只可能在三千人以上。）

不過張大帥的家底，可不只五千人。前面說過，張勳在北洋軍中還算得上生猛戰力，徐州老巢在其經營下駐紮了六十營，相當於三萬多人的部隊。如今為了迅速趕到北京奪取政權，張大帥決心帶領五千人先行出發。出發前，他跟留守的部將張文生說：「我怕這次去會有個萬一，所以如果需要增援，我會發電報告訴你『送四十盆花』，就是要你增援四十營的兵力（約二萬人）。」

未思勝，先慮敗。看來張辮帥在戰場上真沒白混！

二、聯繫各方有力人士

三萬部隊人數雖不少，可放眼當時的軍政界，不過就是九牛一毛。

張勳很清楚：「只靠自己是不成的，還需要有人支持。」所以一九一七年五月二十一日，他在徐州召集部分督軍聚會，這次聚會「據說」發生以下事件：

當時張大帥作為主持人，詢問在場督軍：「俺老張現在要去北京調停了。」

眾督軍：「好啊！辮帥可真是咱們的北洋之光啊！」

張勳卻突然沉聲說：「告訴各位實話，這次去還要辦一件大事，那就是讓皇上復辟，讓大清重掌天下！你們支不支持？」

眾督軍：「這……唉呀！當然支持辮帥啊！」

張勳：「哈哈哈！好！那大家在這留個名字，當作是支持的證明吧！」

只見副官遞上一條黃綢子，督軍們想說：「哇咧！竟然要簽名留證明？我們只想開空頭支票啊！」但是看到會場中眼露兇光的張勳衛兵團，還有想起這裡是徐州，張勳的大本營，督軍們阿沙力地在黃稠子上簽下自己的大名。

張勳滿意地把黃綢子收好，接著說：「多謝大家的支持！」

黃綢子的說法，老ㄕ雖然心存疑惑，但在出兵前先召開會議，毫無疑問是為了喬攏各方勢力。不過會參加徐州會議的，充其量只算是二流角色，真正的大咖豈是能被輕易叫動的？當然要專程拜訪表示誠意！（遇到像諸葛亮這種特別有檔次的，還要不只拜訪一次啊！）

那誰是張勳眼中的大咖呢？答案有三位。先說前兩位——馮國璋、陸榮廷。若論當時人物，馮國璋的實力足以排名前三，然後關鍵的一點：這老兄也是挺清朝的。

想當初辛亥革命期間，要不是袁世凱攔阻，老馮早就衝破武昌城門，把革命軍一網打盡！然後當滿清一幫富N代貴族，不肯讓出統治大權，組成「宗社黨」誓言死戰到底時，馮國璋竟然擔任了宗社黨的會長！這都顯示他對清朝帶有同情的立場。

陸榮廷則是非北洋派系的軍閥中的有名人物，其難纏程度連袁世凱都畏懼三分！（袁世凱搞帝制前，對陸榮廷是軟硬兼施，一方面授予官職，一方面讓廣東的龍濟光監視牽制，由此可見對他的重視程度。）

更好玩的是……他也是挺清朝的。當時在紫禁城內的小朝廷內有著「南陸北張」的說法，意思是陸榮廷跟張勳是跟清朝走得最近的兩位將領。據溥儀回憶，這個封號是上自師傅下至太監常提的話題，甚至有位叫張謙和的大臣還說：「有了南陸北張兩位忠臣，大清有望了。」

既然有如此硬底子的挺清人物，張大帥怎能放過？於是他派人聯繫馮、陸二人，詢問他們對於自己進京調停以及復辟的態度，而這兩位的回覆，內容大致上是：「你看著辦吧。」

這下可樂著了張大帥！他倆看來不反對，還頗有支持的意味，就只剩下

宗社黨成員，左起陸軍大臣蔭昌、載振、海軍大臣載洵、貴胄陸軍學堂總理載潤、禁衛軍統領載濤、麟光、蒙古三帕、海軍副大臣譚學衡。

最後一個大咖人物的態度，那人就是……段祺瑞！

既是打著調停府院之爭的名義，怎能不聽聽段總理的想法？

更重要的是，他可是北洋軍中威望最高的虎將，怎能不叫張勳忌憚？所以當張勳率軍經過天津時專程去拜訪段祺瑞，而段祺瑞的主要說法是：「好好教訓黎元洪一頓，其他咱們慢慢談。」說完，就端茶送客了。

當張大帥自己揣測：「敢情段芝泉是要我打壓黎元洪，這好辦！搞復辟時，本來就要先收拾掉這位民國總統，問題是……段芝泉到底支不支持俺的行動啊？」

這時段祺瑞的手下徐樹錚代替自己的上司跟張勳談話，而正是這段談話讓張勳鐵了心似的，要把事情搞到底！

徐樹錚這麼說：「我可以代表段老總的態度！」

張勳激動了！為何？因為徐樹錚有參加前面說過的督軍團會議，在會議中他贊成張勳行動，據說在黃綢子上也簽了名。如今徐樹錚說他代表段祺瑞，那豈不是說段祺瑞也支持復辟嗎？所以張大帥心想：「如今這復辟大事就差一步了！」

三、聯繫清朝

張勳要復辟的最後一步是什麼呢？那就是……清朝要認同啊！總不能張勳自己嘴裡喊恢復大清，結果愛新覺羅家卻說：「唉呀！我們就只打算領著清室優待條件的四百萬兩在後宮坐好坐滿一輩子，就別領著我瞎折騰了。」

你說到時會有多糗？所以張勳入京後，立刻積極地跟紫禁城小朝廷聯繫。這事就被當事人溥儀記了下來。

陰曆四月二十七日這天，新授的「太保」陳寶琛和剛到紫禁城不久的「毓慶宮行走」梁鼎芬，兩位師傅一齊走進了毓慶宮。不等入座，陳師傅先開了口：「今天皇上不用念書了。有個大臣來給皇上請安，一會奏事處太監會上來請示的。」

「誰呀？」

「前兩江總督兼攝江蘇巡撫張勳。」

「張勳？是那個不剪辮子的定武軍張勳嗎？」

「正是，正是。」梁鼎芬點頭贊許，「皇上記性真好，正是那個張勳。」梁師傅向來不錯過頌揚的機會，為了這個目的，他正在寫我的起居注。

其實我並沒有什麼好記性，只不過前不久才聽師傅們說起這個張勳的故事。民國開元以來，他和他的軍隊一直保留著辮子。袁世凱在民國二年撲滅「二次革命」，就是以他的辮子兵攻陷南京而宣告成功。辮子兵在南京大搶大燒，誤傷了日本領事館的人員，惹起日本人提出抗議，辮帥趕忙到日本領事面前賠禮道歉，答應賠償一切損失，才算了事。隆裕死後，他通電弔唁稱為「國

喪」，還說了「凡我民國官吏莫非大清臣民」的話。袁世凱死後不久，報上登出張勳的一封通電，這封通電表示徐州的督軍會議對袁死後政局的態度，頭一條卻是「尊重優待清室各條」。總之，我相信他是位忠臣，願意看看他是個什麼樣子。

（中略）

我進養心殿不久，他就來了。我坐在寶座上，他跪在我面前磕了頭。

「臣張勳跪請聖安……」

我指指旁邊一張椅子叫他坐下（這時宮裡已不採取讓大臣跪著說話的規矩），他又磕了一個頭謝恩，然後坐下來。我按著師傅的教導，問他徐、兗地方的軍隊情形，他說了些什麼，我也沒用心去聽。我對這位「忠臣」的相貌多少有點失望。他穿著一身紗袍褂、黑紅臉、眉毛很重、胖呼呼的。看他的短脖子就覺得不理想，如果他沒鬍子，倒像御膳房的一個太監。我注意到了他的辮子，的確有一根，是花白色的。

後來他的話轉到我身上，不出陳師傅所料，果然恭維起來了。

他說：「皇上真是天亶聰明！」

我說：「我還差得遠，我年輕，知道的事挺少。」

他說：「本朝聖祖仁皇帝（康熙帝）也是沖齡踐祚，六歲登極呀！」

我連忙說：「我怎麼比得上祖宗，那是祖宗……」

這次召見並不比一般的時間長，他坐了五六分鐘就走了。我覺得他說話粗魯，大概不會比得上曾國藩，也就不得特別高興。可是第二天陳寶琛、梁鼎芬見了我，笑眯眯地說張勳誇我聰明謙遜，我又得意了。至於張勳為什麼要來請安，我連想也沒去想。

小皇帝不知道，張勳透過這次會面和紫禁城小朝廷內部商量復辟，而溥儀身旁那群師傅以及前攝政王載灃都認為：「此乃大好時機，不容錯過！」

這下張勳自認：「萬事俱備，只欠行動！」

終於，他要展開在後世眼中無比荒唐的事蹟。

一九一七年六月，辮帥張勳率軍五千進入北京，滿以為得到奧援的總統黎元洪卻聽到張勳這麼說：「限你三日之內立刻解散國會！否則我拒絕調停！」

黎元洪傻眼了！怎麼張勳是來翻臉的？還沒反應過來，辮子軍已經占領了北京城多處要地。在此脅迫下，他只能解散國會！

六月十六日。

張勳穿戴起清朝的紅頂花翎，進入紫禁城謁見宣統帝溥儀。我們還是用溥儀這當事人的反應及記錄，呈現當時風雲詭譎的北京政局吧！

陰曆五月十三日這天，還是在毓慶宮，陳寶琛、梁鼎芬和朱益藩三位師傅一起出現，面色都十分莊嚴，還是陳師傅先開口：「張勳一早就來了……」

（溥儀）「他又請安來啦？」

（陳寶琛）「不是請安，是萬事俱備，一切妥貼，來擁戴皇上復位聽政，大清復辟啦！」

他看見我在發怔，趕緊說：「請皇上務要答應張勳，這是為民請命，天與人歸……」

我被這個突如其來的喜事弄得昏昏然。我呆呆地看著陳師傅，希望他多說幾句，讓我明白該怎麼當這個「真皇帝」。

「用不著和張勳說多少話，答應他就是了。」陳師傅胸有成竹地說。「不過不要立刻答應，先推辭，最後再說：既然如此，就勉為其難吧。」

我回到養心殿，又召見了張勳。這次張勳說的，和他的奏請復辟摺上寫得差不多，只不過不像奏摺說的那麼斯文就是了。

聽他叨完，我說：「我年齡太小，無才無德，當不了如此大任。」他誇了我一頓，又把康熙皇帝六歲做皇帝的故事叨念一遍。我忽然想起一個問題：「那個

（上）梁鼎芬；（下）朱益藩。

大總統怎麼辦呢？給他優待還是怎麼著？」

「黎元洪奏請讓他自家退位，皇上准他奏請就行了。」

「唔……」我雖然還不明白，心想反正師傅們必是商說好了，現在該結束這次召見了，就說：「既然如此，我勉為其難吧！」於是我就又算是「大清帝國」的皇帝。

張勳下去之後，陸續地有成批的人來給我磕頭，有的謝恩，有的連請安帶謝恩。

後來奏事太監拿了一堆已寫好的「上諭」。頭一天一口氣下了七道「上諭」。

據老北京人回憶當時北京街上的情形說，那天早晨，員警忽然叫各戶懸掛龍旗，居民們沒有辦法，只得由紙糊旗子來應付。接著，幾年沒有看見的清朝袍褂在街上，出現了一個一個好像從棺材裡面跑出來的人物；報館出了復辟消息的號外，售價比日報還貴。

眼看情況完全失控，大總統黎元洪連忙跑到外國大使聚集的東交民巷尋求庇護。

不過落跑前，這位國家元首還是發出了一道命令，試圖搞定目前的爛攤子。那道命令內容是：「著令段祺瑞復任國務總理討伐張勳，另任命馮國璋代理大總統職務。」

向昔日政敵求救，我想黎元洪當下的立場應該很不堪吧？可這都無法阻止事情的發展：一九一七年七月一日，溥儀回到紫禁城的三大殿登基，張勳正式復辟成功！

重新登基的溥儀。

共和的反撲

張勳復辟後，立刻辦了一件大事：封賞！

封賞的目的是為了攏絡各方勢力，從而建立穩定運作的行政班底。而當時主要被冊封的中央官員如下：

顧問大臣——趙爾巽、陳夔龍、張英麟、馮煦

參謀部大臣兼陸軍總長——王士珍

陸軍部尚書——雷震春

海軍部尚書——薩鎮冰

外務部尚書——梁敦彥

民政部尚書——朱家寶

度支部尚書——張鎮芳

法部尚書——勞乃宣

郵傳部尚書——詹天佑

理藩部尚書——貢桑諾爾布

農工商部尚書——李盛鐸
學部尚書——沈曾植
授徐世昌、康有為為弼德院正、副院長
鎮守各地的封疆大吏，主要有：
兩江總督兼南洋大臣——馮國璋
兩廣總督——陸榮廷
曹錕等實力派官員為各省巡撫、提督

我知道上述人名很多，所以只揀幾位重要人士解說。首先，讓北洋之龍王士珍，擔任陸軍總長這最重要的武力組織的首腦，真是再正確不過的選擇！畢竟王老兄能力一流、對清朝忠心、權力慾望又不高，不找他找誰啊？

至於陸軍部尚書雷震春、海軍部尚書薩鎮冰，一個是頗有實力的軍閥，另一個是當時整個中國最具作戰經驗的海軍提督，也沒啥異議。

然後看到郵傳部尚書詹天佑，那更是沒話說！許多人都曉得，詹天佑建造了京張鐵路，讓他擔任郵傳部（相當今日的交通部）首腦，正是人盡

建造了京張鐵路的詹天佑。

其才！

而外務部尚書梁敦彥，這人或許知名度低，但我告訴各位：此人是清朝派去美國留學的幼童之一，跟詹天佑是同學！甚至他倆在美國留學期間，跟其他清朝留學幼童組織棒球隊，梁敦彥就擔任主力投手的位置（呵，可惜此人沒往美國職棒發展，不然就可以為華人棒球史寫下嶄新的一頁了）。

讓這麼一個具有留洋背景的人擔任外交工作，合理之至！最後讓徐世昌、康有為擔任弼德院正、副院長這招也超妙的！

先解釋一下「弼德院」，這是清朝末年為實行憲政而成立的「顧問國務」機構，按現代官位來說，就是國策顧問啦！徐世昌、康有為皆為當時深具名望的人士，讓他們擔任國策顧問達到號召的效果，也算是得其所哉！

總之，老ㄕ越研究這份名單，越覺得張勳復辟還真非胡搞一氣，在許多部分挺有章法的，可惜……也就只有一部分而已！要說這份官員名單有什麼問題，問題就在張勳身上！因為他本人表示：「俺老張的官位是……議政大臣＋直隸總督＋北洋大臣！」

各位知道這些職位代表什麼概念嗎？當過「直隸總督＋北洋大臣」，最著名的是李鴻章、袁世凱，號稱是各地疆臣之首；「議政大臣」則相當於清朝中央最具權力的「首席軍機大臣」，或是清末內閣所創立的「內閣總理大臣」，簡單來說，就是中央官員之首！

疆臣之首＋中央官員之首，這可是李鴻章、袁世凱也沒辦到的事！張勳的官位簡直膨脹到前所未見的至高點！然後失敗就是從這引起的，因為讓許多人都對張勳的竄升感到不爽！

就拿馮國璋來說，他雖被授予兩江總督兼南洋大臣，直接管理江蘇、江西，有職權影響東南沿海，可說是南方疆臣之首。問題是：人家本來已經有這

樣的權力，因為馮國璋的大本營就是江蘇南京，然後盤據江西、江蘇一代的長江三提督，全都隸屬馮國璋派系。老馮早就是東南沿海第一軍閥，可現在你老張只是名義上承認他的地位，對馮國璋來說卻是一點實際好處都沒增加，反而眼看一個地方軍閥突然竄到自己頭上，叫他如何甘心樂意？

同樣的道理也適用被授予兩廣總督的陸榮廷，他的勢力本來就超過兩廣，現在授予兩廣總督，陸大帥還覺得是限制他的勢力發展哩！

當然，馮國璋、陸榮廷再不滿意，絕對還有一個人比他們懷有更深的怒意：北洋之虎——段祺瑞！

根據段祺瑞的說法，打從他在辛亥革命於湖北率領眾多北洋將領，通電支持共和、威逼清帝退位的那一刻開始，自己就與「共和」拖不了干係。

畢竟共和的建立有他的貢獻，只要共和存在一天，他的功勳將永遠被紀念！所以段祺瑞可謂死忠的共和支持者，即便後來為了反帝制，要跟精明幹練且拉拔自己的昔日上司袁世凱對上，那也是在所不惜。如今張勳在北京搞起復辟，這嚴重剝奪了段祺瑞的政治生命！

（有讀者會問：「那段祺瑞不讓張勳進北京，不就沒事了嗎？」

這時就要講一個陰謀論了！有此一說，段祺瑞讓張勳進京，是打算讓他先收拾黎元洪，然後再指控張勳非法行事，這樣一來段祺瑞就能掌握法律的大義名分；緊接著收拾張勳，重掌並更加鞏固他的政治大權！如果真是如此，老ㄕ只能說：「段祺瑞你真夠陰的！」）

於是這位曾「締造共和」的北洋之虎在七月二日，也就是張勳復辟的隔天，立刻來到天津馬廠，這個進軍北京的戰略要地。在此他不斷號召北京附近的軍隊聽從調遣，事實證明，北洋之虎的威望不是白混的，駐馬廠的陸軍第八師、駐廊坊的陸軍第十六混成旅、駐保定的陸軍第三師紛紛聚集於此，準備聽候命令。

張勳位於北京的官邸。

而當時輿論界開始瘋狂支持段祺瑞，先不說他本就擁有黎元洪所頒布的復職令和討伐命令，就說超重量級人物梁啟超特地為他寫了一篇聲討張勳的檄文，這讓段祺瑞聲勢顯得極其浩大。在此優勢下，段祺瑞在七月三日宣布：「本人在此宣布組織『討逆軍』誓師討賊！我們的目標，就是進軍北京、再造共和！」

討逆戰爭

這場由段祺瑞擔任總司令，向著北京城進攻的「討逆軍」攻勢，是從民國六年七月七日開始，至十二日即告結束。而這六天的戰爭中，其實真正開打的戰鬥日只有二天。

六日，討逆軍分兩路進攻，張勳為阻止討逆軍前進，於是命令辮子軍破壞鐵路，這一招卻引起了洋人外交團的抗議。他們根據《辛丑條約》中：「京津鐵路行車不得中斷」為由，派遣軍隊保護修理車軌，恢復通車，張勳的計畫因此泡湯。

一九一七年七月十二日，段祺瑞率領軍隊包圍了在故宮裡的五千名「辮子軍」。

眼見討逆大軍逐漸逼近，張勳覺得自己底下只有五千嫡系部隊，實在太少了些，於是他趕緊打電報回徐州大本營，向著駐守的將領張文生，下令：「速送四十盆花來北京！」

而張文生也真的立刻有了動作……他真的就送「四十盆花」來北京！至於兵？一個也沒看見！

當張大帥看到四十盆嬌豔欲滴的花堆滿家裡，怕是沒有當場嘔出幾十升鮮血：

「他狗日的張文生！我這麼信任你，你現在給我玩這一套！」

於此同時，馮國璋、陸榮廷也沒閒著，兩人紛紛表示：「支持段祺瑞！聲討張勳！」

隨著這兩位軍事大咖的發話，先前還表態支持張勳的督軍們也連忙幫討逆軍，吶喊助陣。一時之間，張勳簡直就是過街老鼠，人人得而誅之！

七日，有鑑於五千辮子軍的軍力薄弱，張勳強迫北京附近的非辮子軍部隊擔任前鋒，辮子軍則押後督戰。可是還沒和討逆軍有所接觸，非辮子軍就察覺：

「張勳這小子明顯勢弱，與其幫他送死打前鋒……乾脆投靠討逆軍算了！」

於是各前鋒軍紛紛把槍口對向辮子軍，然後不知哪個缺心眼的將領竟派出底下的空軍部隊，對著辮子軍和紫禁城投放炸彈！

（一戰時代的空軍還未發展成熟，所謂的中國空軍，也就是幾架教練機載著人往下扔炸彈，據說炸彈的威力連手榴彈都比不上。話雖如此，那種居高臨下的威懾感還是挺強的。）

溥儀在自傳《我的前半生》中就記錄了這場中國第一次出動空軍空襲的

場面：

「飛機空襲那天，我正在書房裡和老師們說話，聽見飛機聲和從來沒聽見過的爆炸聲，嚇得我渾身發抖！師傅們也是面無人色。在一片混亂中，太監們簇擁著我趕忙回到養心殿，好像只有睡覺的地方才是安全的。太妃們的情形更加狼狽，有的躲進臥室的角落裡，有的鉆到桌子底下。當時各宮人聲嘈雜，亂成幾團。」

這是中國歷史上第一次出現空襲，內戰史上第一次使用中國空軍。如果第一次的防空情形也值得說的話，那就是：各人躲到各人的臥室裡，把廊裡的竹簾子（即雨搭）全放下來——根據太監和護軍的知識，這就是最聰明的措施。

老ㄕ最後一提，這場轟炸的戰績是……在宮中打死了一個人和一隻狗。面對三方夾擊的敵人（討逆軍的東路軍、西路軍，外加點綴用的空軍），五千辮子軍做出了積極表現……趕、快、落、跑！

為何說他們積極呢？因為這群辮子軍根本連對方的陸戰部隊都沒見到幾

眼，就這麼一路從前線狂奔十多公里回北京。這讓老ㄕ懷疑：敢情辮子軍不是來打仗的，而是來跑步練體力的？

八日，討逆軍雖順利朝北京前進，但他們不想積極進攻，好避免戰火摧毀這座古城。所以段祺瑞透過各國公使轉達張勳四項停戰協議，打算通過外交途徑來解決一切。

停戰協議內容有：

一、取消帝制。

二、解除辮子軍武裝。

三、保全張勳生命。

四、維持清室優待條件。

眼見大勢已去，張勳也只能選擇認輸，但是有關第二條——解除辮子軍武裝，讓他不甚滿意，畢竟要是任何軍隊放棄裝備被人收編，那張大帥就成了孤家寡人，再無角逐天下的實力。所以張勳發電報表示：

「復辟一舉，聲氣相求，吾道不孤，凡我同胞各省多預共謀，東海（指徐世昌）、河間（指馮國璋）尤深贊許，信使往返，俱有可征。前者各省督軍聚議徐州，復經寫及，列諸計劃之一……本日請旨以徐太傅輔政，組織完全內閣，召集國會，議定憲法，以符實行立憲之旨。仔肩既卸，負責有人，當即面陳辭職。其在徐太傅未經蒞京以前，所有一切閣務，統交王聘老（指王士珍）暫行接管，一俟諸事解決之後，即行率隊回徐。」

這封電報其實透露了很多訊息，首先，「復辟一舉，聲氣相求，吾道不孤，凡我同胞各省多預共謀」是在昭告天下：「復辟這可不是我一人瞎搞，很多人當初都贊成我的意見！至於有誰贊成？就是徐世昌、馮國璋，還有在徐州會議表示『唯張大帥馬首是瞻』的督軍們！他們也有責任啊！」

然後「仔肩既卸，負責有人，當即面陳辭職……一俟諸事解決之後，即行率隊回徐。」這就是張勳的如意算盤。

「復辟我不搞了！中央大官我不當了！我就想帶部隊回徐州繼續當大帥！」

甚至他還對段祺瑞唱了四句歌謠答覆：「我不離兵，兵不離械，我從何

處來，我往何處去。」

此時有人詢問張勳：「復辟眼看是不成了，那你該怎麼給皇上作個交代？」

張大帥表示：「我太傻了！人人都很聰明，復辟不是我一個人的主張，也不是我一個人的願望，復辟成功大家享福，如今幹垮了，我一個人受罪。這件事本來和清室不相干，幹成了，小皇帝安坐龍廷；失敗了，我一個人受罪。」

這句話意思是：我老張很委屈，便宜都給溥儀撿，辛苦事都是老張扛啊！如今俺自己要垮了，皇帝一家受點連累，也是理所當然啊！（老ㄕ想說：張勳的發言十足是屁話一番。）

自九日到十一日，討逆軍想要不戰而勝進入北京，但張勳因堅持軍隊不繳械且一定要由自己帶辮子兵回徐州，談判陷入僵局。等了幾天，討逆軍決定攻城，盡快解決頑固的張大帥，但為了怕波及洋人，於是段祺瑞和洋人外交團商談攻城計畫。最終洋人同意，攻城時間限定在十二日上午四時至晚上十二時，大炮只許發放實彈一發，其餘則以空炮威脅辮子軍投降。
（看到自家內戰還要向洋人提出申請，並接受人家指指點點的，老ㄕ真不知道要感到可悲還是可笑？）

到了十二日，討逆軍開始進攻北京，第一路，由第一師進攻東方的朝陽門；第二路，由第八、第十一、第十二各師自南方永定門方向攻入天壇；第三路，由第三師進攻西方廣安門。

當時城內尚有五千辮子軍駐守天壇，而他們立刻積極回應攻城的討逆軍……掛五色旗投降！

當然也不是所有辮子軍都這麼窩囊，一小部分軍隊聚攏在北京城內的張勳家。但他們也沒能堅持多久，因為討逆軍架設了炮台，對準張勳住家轟了一炮！

（各位可還記得前面提到，洋人只准討逆軍發射一枚實彈，這珍貴的攻擊機會，就用在此時。）

轟！張勳家當場被炸破一個大洞！（好險沒打歪，不然討逆軍接下來就只能打空包彈了！）

護衛大帥公館的辮子軍紛紛逃亡，而幾天前威風凜凜進城的張大帥則在兩名荷蘭人保護下躲進了汽車，疾馳入荷蘭公使館，保住了一命。

以上就是張勳復辟期間的最大一起軍事衝突，總計死了不到一百人。因為從頭到尾辮子軍都很有自覺地逃跑，要多死些人都很困難。

復辟失敗後，躲入荷蘭公使館的張勳。

順帶一提，辮子軍除了進城時的擾民，還有引發討逆軍進攻北京造成諸多破壞，就連離開時，還給北京城留下不小的麻煩，就是……滿地的辮子！

原來辮子兵逃亡時，頭上的辮子太顯眼，為了避免成為討逆軍和北京民眾的攻擊目標，所以他們集體剪辮子並丟棄在地，搞得整個北京城滿地都是一尾尾的辮子，徹底毀壞市容！

逃到荷蘭領事館的張勳本來還想找機會溜回徐州，誰知沒多久就有消息傳來：

「留守徐州的部將張文生，率領定武軍六十四營通電投降！」

至於投降對象，正是原先表達跟張勳同一立場，卻在之後捅刀最深的馮國璋！昔日威風凜凜的辮帥張勳就這麼失去所有的政治資本，一溜煙滾下歷史舞台養老去了！

順帶一提，有個人所受的心理打擊比張勳還要嚴重得多，那就是小皇帝溥儀。根據他的描述：

「一清早，內務府報來了真的消息：『張勳已經逃到荷蘭使館去了！』我的父親和陳師傅在這時出現了，他們的臉色發灰，垂頭喪氣。我看了他們擬好的退位詔書，又害怕又悲傷，不由得放聲大哭。」

喧鬧一時的復辟事件，至此滑稽地結束，但這卻不代表塵埃落定。

現在歷史課本講的張勳復辟，是以張勳落跑、宣統二次退位作為結束。那請問：這兩人後來下場如何呢？

這就是張勳復辟最神奇也最荒謬的一點：主謀者非但沒受嚴懲，後來日子還過得挺逍遙的！別提溥儀小皇帝還是窩居在紫禁城中享受著帝王生活，頭號叛將張勳，他的下場讓老ㄕ看了，真是無語問蒼天！

按說此人顛覆共和，判個叛國罪槍斃完全合乎情理，然後他身旁已無任何人馬可以提供保護，就算跑進了荷蘭公使館及租界，受到治外法權的保護，但他不會隨時都在公使館或租界，總有一時半刻會到中國領土吧？那時要抓住他不是易如反掌嗎？

好吧！假設張勳神出鬼沒，無法逮到他進入中國領土的空檔，若真要跟他較勁，北洋政府其實可以跟各國大使談「引渡」啊！以段祺瑞、馮國璋二人執中國政壇牛耳的地位，只要肯給予利益，引渡一個無實際價值的張大帥，還是件難事嗎？

但最終張勳的下場為何？一九一八年三月，北洋政府以「時事多艱，人才難得」為由，對他提出了特赦，於是張大帥就來到天津租界安居樂業度日。說安居，是他後來娶了好幾房姨太太，努力增產報國，生了十多個兒女；說樂業，是他後來投資各種事業賺錢，等他死後，遺產竟有六、七千萬大洋。而且此人死後，清皇室將他謚為「忠武」，喪禮當天有數千多人出席，可謂風光大葬……

儘管復辟失敗，但張勳卻得到北洋政府的特赦，晚年還被清皇室追謚為「忠武」。

讀到這裡，大家是否覺得莫名其妙？我只能告訴各位，先別奇怪，因為我在

《國父「們」：被遺忘的中國近代史》一書中就提過大部分政治人物退休之後，其實是不愁吃穿的。就拿在張勳復辟時被趕下台的黎元洪來說，這位前大總統離開官場後，改當中興煤礦董事長、黃陂商業銀行總董事、南洋兄弟煙草公司董事，總計擁有房地產七十多處、投資企業四十五個，其中銀行十七家、工廠十二個、煤礦六家，總投資額達二百萬元。（一九二〇年代，一元等於今天的新台幣二百元。也就是說，黎元洪的總投資額約四億新台幣！）

事實上，除了退休後的轉職，大部分的政壇人物也會在官員任內為自己留下一個小金庫好養老，而且政治人物退休後仍不時出席一些餐會，幫人宣傳造勢，難道請他們抬轎不用付車馬費、通告費？像日本人有一次想請曾執掌廣東的陳炯明為「九一八事變」的合理性發表擁護談話，還沒等他答應，就扔下八萬元港幣的支票。由此可見，大佬只要有心趕通告，退休生活仍是「錢」途無限！

不過真正讓原本背負叛國罪的張勳可以安度晚年的原因，其實是他抓住了大部分政壇要角的把柄，也就是搞復辟前的書信往來，這些書信還被他統合成一本書：《復辟實錄》。要知道，包含徐世昌、馮國璋等人當初都贊成他搞復辟，甚至連段祺瑞的手下都曾自作主張，代替他同意張勳的復辟大計。要是把張勳往死裡逼，那他就會公開所有對話紀錄（包括傳說中的黃綢子）；那些已經大權在握的大老們，犯得著惹得一身腥嗎？自然也就放張大帥一馬，讓他好過，也讓自己好過。

各位會不會覺得：「天哪！這民初政壇也太黑暗了吧？」

我想說：「這是必要的黑暗！以現在的眼光，尤以教科書的描述切入，張勳既愚且蠢，開了時代倒車。北洋軍閥不是心懷鬼胎、就是首鼠兩端，似乎沒一個好東西，可問題是：回到當時那個年代，你怎能確定復辟一定有錯？民國這新生共和，比起清末也真的沒有好到哪裡去。既然共和效果不彰，君主立憲何嘗不是個選項？這就是為何袁世凱、張勳搞帝制還有人支持的原因。說穿了！當時的中國對於共和、立憲這兩種新制度仍沒個準則啊！」

在我的第二本書《野心家們：被遺忘的中國近代史2》中提到袁世凱推

動帝制時，一再拿法國的共和發展作為對照。

「復辟」是傳統君權社會過渡到現代民權社會常見的陣痛，雖然法國的拿破崙所創立的帝國是威震歐洲，而張勳搞出的帝制卻是鬧劇不斷、貽笑大方；但如果一味指責他們是「開倒車」，其實沒有考慮到當時的社會環境。

最後我想再提出一點，北洋軍閥很黑暗，難道其他政治人物不黑暗？翻看革命黨的黑歷史也不少，何以後世教科書對北洋軍閥的言行是錙銖必較，對革命黨眾人卻是避而不談呢？難道大家不覺得握有歷史批判權力的人很可怕嗎？

（話說到此，各位會不會覺得：「那老ㄕ不也是握有歷史批判權力的人？你講的話又有幾分可信度呢？」如果你有以上想法……恭喜！你已經找到歷史學重要的價值，那就是獨立思考。其實本書的價值，不只是讓各位知道歷史的知識及典故，更希望能讓人去懷疑、去思考，甚至用行動去驗證自己的想法。而這也是我在大學歷史系所獲得的寶貴功課。）

正因在邁向現化化的路上，歷經許多波折才形成至今的局面，歷史也就不只是流逝的過往，而是累積現在社會脈絡的痕跡。只是當我們回望過去，總有人在前行之路跌倒失敗，但也有人踏在他人的失敗之上顯得成功。曾致電要求清帝退位、抵制洪憲帝制、因討伐張勳復辟有功，而獲得「三造共和」美譽的段祺瑞，他的顛峰時代要真正來臨了！

第四章

護法戰爭

中國的正式決裂

一九一七年，僅維繫十二天的張勳復辟落幕。被趕下台的黎元洪很清楚，這禍可說是自己闖出來的，之後他又沒能收拾亂局，所以即便復辟結束後，有人請他回任總統，黎胖子都拒絕了：「我當個富家翁足矣！」

黎元洪正式辭去大總統之位，並到天津開始投資實業。按照《臨時約法》精神，在大總統去職後，要由當時的副總統馮國璋代理大總統職務。自此，北京政局再起變化。北洋之犬及代理大總統馮國璋、北洋之虎及國務院總理段祺瑞，開啟府院之間的新一波較勁。

不過，若論當時誰占上風，問十個當時的人，十個都會回答：「當然是段祺瑞！」

畢竟是段總理主持討逆軍摧毀了復辟，當時的人還讚揚他是「三造共和」的英雄！

（所謂三造共和，是指辛亥革命期間，於湖北孝感對清朝發表第一次支持共和的聲明。第二次則是洪憲帝制期間，堅決反對袁世凱稱帝；第三次，就是討伐張勳復辟。）

而且按《臨時約法》精神，總理實權大於總統，所以馮國璋一開始還不太想代理大總統，除了覺得自己在政壇屈居劣勢外，更重要的是馮國璋的地盤是在江蘇南京一帶，若去北京代理總統，就失去跟軍隊的直接聯繫，到時就像沒了根的大樹，搖搖欲墜。但最終馮國璋還是想與政敵拚上一把，而冒著巨大風險進入北京。只能說政壇上的人，往往都是：「寧有一思進，莫有一思停」。但是任誰都沒能把握參透，今日的進退是否為明日的成功？

一九一七年，府（馮國璋）院（段祺瑞）之間展開了新一波的較勁。

挾著璀璨名聲重返政壇的段祺瑞，立馬開始謀劃一件事……改組國會！先前的府院之爭讓他深刻體驗到：「國會很難搞的！」尤其當他在國會裡無黨派支持，根本就是一個跛腳總理，提出任何主張都要被國會的多數黨杯葛、吐嘈一番。

何況第一代國會的多數黨是早看北洋集團不順眼的國民黨，對他更是排擠得厲害！所以，段祺瑞喊出一句口號：「一不要約法，二不要國會，三不要舊總統！」

這句口號的意思是，他受夠了定位不明且難以實際運作的《臨時約法》，還有鬥爭不斷的第一代國會。而身為內閣總理，段老自然不願讓總統有權在政務上干涉，哪怕是被《臨時約法》淡化權力的總統也一樣！

為達成上述理念，段祺瑞決定：「選出一個新國會，之後進行憲法改革！」

然後本身懶得處理實際事務的段祺瑞，對著他最信任的部下徐樹錚說：「又錚，此事的實行非你莫屬！」

逮著如此良機，這位昔日激化府院之爭的徐老兄哪能不振奮？他立刻在北京的安福胡同聯合十一個政治團體組織成一龐大的俱樂部。依聚集地點，此一團體就稱作「安福俱樂部」，是力挺段祺瑞的政治班底。

之後安福俱樂部在中國大部分地區舉行的第二次全國國會大選中勇奪三百三十名額，成為獲得過半席次的國會第一大黨！段祺瑞終於不再是蹩腳總理，而中國也總算建立一個由多數黨完全執政的內閣制國家。然而民國政壇將因這一結果邁向更崩壞的形勢！因為就在此時，有一個幾乎可被稱為「鬧場」的傢伙跑出來開炮，那就是孫文，孫大炮！

在孫文登台亮相前，我還是要說一句心底話：「你根本是來鬧場的！」有人問，孫文一直是反北洋的重要人士，怎會說他是來亂的？老ㄕ就當時的政壇情勢及法律概念來說，先要問一句：「請問孫先生是以什麼身分出來說話？」如果是以「中國革命黨」總理發言，對不起！此黨根本不是當時中國的合法政黨！

有人說：「那他總可以用『國民黨理事長』身分發言吧？」抱歉！早在孫文以非法律手段發動二次革命之後，選擇待在國會的國民黨議員就把孫文開除黨籍，好切割叛亂關係了！所以孫文跟國會中的國民黨，按法理來說是八竿子打不著！何況孫文曾因發動二次革命，而被冠上叛亂罪名！雖然隨著袁世凱洪憲帝制失敗後，新上任的黎元洪總統為了穩定局勢，赦免大部分人的叛亂罪名，所以孫文也連帶受惠，減輕不少叛亂色彩，可此時的他還真沒啥法律地位進行發言。但孫文之所以是清末民初的重點人物，甚至到死前都還帶有影響時局的巨大能量，正是因為他並非只是出一張嘴的嘴炮大王，而是能善用周邊資源並不惜一切代價付出的行動者！

也是時機巧合，當時中國遇上第一次世界大戰的末期，已經焦頭爛額的德國自然希望對手越少越好，所以當他們聽到英美兩國試圖拉攏中國同盟參戰，立刻派遣使者到中國活動，想營造「反戰中立」的輿論，減少一些阻力。

孫文眼看機會來了，立刻答應幫德國站台，發表反戰理論，一來能跟敵對的北洋政府叫陣；二來他也能獲得所需的資金。而德國人也沒虧待孫文，足足給了一百萬馬克的活動費！這讓孫文擁有了第一筆政治資本。

（順帶一提，德國人當時也有找段祺瑞，希望他拒絕參戰。不過，段祺瑞馬上拒絕。

當德國人問：「我們會給錢ㄟ，你不考慮一下？」

段祺瑞回答：「邀請我參戰的英國人給更多。」

看到這個段子，老ㄕ想說：「你們這些政治人物當真好樣的。」）

擁有了資金，並重振實力後，孫文號召部分第一代國會議員南下廣州，他喊出：「打倒假共和、建設新共和，維護《臨時約法》、推翻段祺瑞政權」的口號，算是組合了自己的政治班底跟段祺瑞叫陣，也就是擴大了第二筆政治資本。

之後他繼續拿錢策動中國海軍加入其麾下，有了力挺自己的武力組織，並繼續以此號召當時雄踞西南的兩大軍閥：雲南唐繼堯（日後人稱滇系）、廣西陸榮廷（日後人稱桂系），支持自己成立中華民國軍政府，形成一個反段祺瑞的武力集團，這是孫文真正能讓北洋政府為之震動的第三筆資本！

至此，本來還只是一介平民的孫文，在極短時間內竟重返政治高峰，就任中華民國軍政大元帥一職，成為南方政府表面上最高領袖，並以旗下的廣東、廣西、雲南、貴州、部分四川地區為根據地，開始出兵北伐，展開實際的軍事行動抗衡北洋政府，這就是記錄於教科書的「護法運動」！

我常說：「是人，就有人的長處及短處。」孫文雖有善用言論、趁勢建立組織的強大才能，可這人的短處使他像政壇上的曇花，屢屢乍現風采之後迅速凋零，那就是……他無法維繫一個組織長期營運！

中華民國軍政府中的兩大巨頭——唐繼堯、陸榮廷，他們之所以會支持孫文，是因段祺瑞面對西南軍閥勢力，下令以武力征伐，威脅到他們的地盤，這才宣稱「擁護孫文，支持護法」。說穿了，他們只是因眼前的危機而暫時合作，互相利用。

實際上，他們根本不服從沒啥軍事實力的孫文。

孫文了解這兩位軍頭的心態，也很清楚如果沒這兩人支持，無論是「中華民國軍政府」或是「護法運動」，都不可能維繫或執行，所以他只能就現有

（上）陸榮廷；（下）唐繼堯。

的兩項資源，盡力攏絡二人。

第一項資源是官位，當時孫文授予二人「元帥」的頭銜，表示他倆地位僅次於自己。對此，二人表示：「那又怎樣？沒我倆的軍隊，你這大元帥還當不成呢！」

唐繼堯更多次拒絕接受元帥地位，這根本是在表示：「官位？咱不稀罕！」

既然官位沒用，孫文只能動用第二項資源，也就是錢！此物一出，唐繼堯、陸榮廷立刻買單，並表示：「你給得越多，我們就越支持大元帥喔！」

我想大家已經注意到一個問題了！如果給錢才能讓二人買帳，那孫文最好確保他有源源不絕的財力支持，不然哪天財源枯竭，他倆將會翻臉不認人！問題是：孫文籌錢能力一把罩，但以錢生錢的投資能力以及長期經營能力是很不行的！而且此人花錢很兇，也沒有效率。

民國初年，孫文擔任袁世凱的鐵路總督辦，原本宣示要修二十萬里鐵路，結果勘查好幾個月，花費數百萬元，最終成果是……一、里、鐵、路、

都、沒、修、成！還有革命初期，他連實際起義行動都沒發起成功，卻讓資助他的哥哥從牧場老闆變成破落戶，這都顯示孫文花錢花得很沒成果。按此發展下去，孫文的資金遲早用完，而唐、陸二人也遲早會翻臉。

其實還有一種方式可以讓這些軍閥聽話，那就是絕對的強大武力！你不服？我就當場把你打趴！問題是：孫文不懂怎麼訓練軍隊啊！

這就是前面提到的，孫文欠缺解決實際事務或困境的能力，使得組織常遇到經營困境。不過這樣的問題，在護法運動的起初還看不出端倪。因為當時孫文領導的南方政府聲勢可謂開高走高，他們不僅在輿論上給予北洋政府壓力；在戰場上，桂系及滇系的主力向湖南進發，同時原本就傾向革命勢力的湖南有力人士，如：譚延闓、趙恆惕、程潛……等人，也紛紛在當地呼應支援，使得客境作戰的北洋軍更感吃力。經過一系列的拉鋸戰，北洋軍最終撤退，護法軍攻下湖南省會長沙，代表他們徹底掌控這足以跨越長江、進而向中原地區北伐的戰略要地。

眼看著北洋軍在南方主力部隊撤退，本就與北洋政府聯繫甚淺的四川當

一九一二年九月九日，孫文獲袁世凱特授「籌劃全國鐵路全權」時在北京留影。

地軍閥，立刻趕走段祺瑞派來的查辦使，正式脫離北洋政府的掌握。而陝西、湖北甚至是屬於北洋勢力範圍的河南、山東，一時之間，到處都是打著護法名號反抗北京中央政府的人們，使得孫文的政權在聲勢上更勝以往的二次革命！

軍政及輿論的巨大壓力，使得本來強勢的北洋政府，也引發了內部爭端。面對孫文的護法運動，段祺瑞的態度依舊是：「打爆他！以武力統一全國！」但北洋軍的另一大老馮國璋卻表示：「還是和談吧！」

造成兩人意見相左，除了戰況不利這樣的現實因素；說到底，真正的原因還是權力鬥爭啊！

段祺瑞之所以喊打，除了自認握有戰略優勢，還打著透過軍事行動及整合各方資源之際，藉機擴展所轄勢力範圍的主意。馮國璋喊不要打，則是不願看到已經占上風的政敵越加得意。

如今隨著戰況失利，代理的馮大總統終於逮住牆倒眾人推的好機會，於是他鼓動底下的直系將領，向段祺瑞呈請議和。本來因戰況失利而感到窘迫的段總理，眼見馮國璋的直系利用軍事實力施壓，那可真是站不住腳，於是距離護法運動爆發後的三個月，他就宣布辭去國務總理的職務，改由馮國璋統籌大局，向南方政府議和。

至此，南方的廣州軍政府獲得了初步勝利。

（上）譚延闓。
（中）趙恆惕。
（下）程潛。

面對北洋政府的議和，按孫文的想法絕對是：「沒得談！趁著這股氣勢繼續北伐，一口氣打回北京！」

孫文看到底下的軍事將領，各個露出死魚眼，向他透露心聲：「繼續北伐？你瘋啦！應該趁著這股氣勢，和對方一口氣達成議和。」

前面說過，在陸榮廷這幫人心中，壓根不管護法戰爭所要維護的政治精神，這場戰爭不過是為了捍衛自己的地盤及利益。而今，北洋軍在兩湖一帶吃了數場敗仗，挫了銳氣，不但自己地盤保住還趁機坐大，增加了底氣。更重要的是，北洋政府還不想跟自己死嗑，反而是打算承認現狀，就此了事。這結果可謂相當不錯！

要是遵從孫文的命令去全力北伐，當、我、們、腦、袋、進、水、啊？

何況護法軍之所以能在兩湖一帶打勝仗，是因此地鄰近西南地區，算是半個主場，仗著北洋軍不熟地利才占了上風。真要是翻越嶺南、兩湖地區，向著江西、河南方向前進，主和的馮國璋第一個跳出來跟你玩命！（因為這兩塊土地都是他直屬的勢力地盤）到時護法軍反而變成客境作戰，面對人數、裝備、訓練都高好幾檔次的對手，哪有多少勝算可言？

更重要的是，「不要以為我們尊稱你孫文一聲大元帥，你還真以為自己是頂頭上司！那是因為當初你有利用價值，有足夠聲望製造輿論，支持西南軍閥反政府，而且有錢讓我們花用，現在我們沒必要反政府了，你的錢也花光了，有、必、要、再、鳥、你、嗎？」

於是到了十二月，陸榮廷、唐繼堯在未經護法軍大元帥孫文的同意之下，自行在湖南、四川戰線宣布單方面停戰。

孫文氣炸地表示：「我反對！」

而唐、陸二人的反應是：「這傢伙真以為自己是大元帥啊？給他一點顏色瞧瞧！」

於是後來孫文被西南軍閥徹底孤立、忽略，讓堂堂護法軍大元帥陷入了除海軍、元帥府親軍及二十營粵軍外，無人聽從指揮的窘境。甚至還有人形容：「（孫文）令不能出士敏土廠（也就是孫文的總部——大元帥府）。」

就在南方政府內鬥的同時，北方也有新局面展開。本來代理大總統馮國璋在旗下將領的支持下，威逼段祺瑞下台取得勝利。沒料到，才過了一小段舒

一九〇九年，士敏土廠鳥瞰照。

坦日子，竟有人開始為段祺瑞聲援，主張重啟戰端。而且這個與段祺瑞聯合的對象，就是日後大名鼎鼎的曹錕！

曹錕，字仲珊，直隸省天津縣人。

看他的出生縣市，就知道他隸屬馮國璋的直系一派，這可就怪了！那曹錕老兄怎麼跟皖系的段祺瑞連成一氣呢？其實說到底……還是權力鬥爭！

原來當時馮國璋最倚仗的將領是李純、王占元、陳光遠，此三人由於鎮守地區皆鄰近長江一帶，因此時人稱為「長江三

舍伍德· 艾迪（G. Sherwood Eddy）和孫文合影於大元帥府。

督」。這當中，尤以李純最被馮國璋重視，所以在護法戰爭議和期間，李純儼然成為馮國璋實務的代理人，好接洽各方的實力派。

我想寫到這裡，大家應該明白這是怎麼回事了！簡單來說，馮國璋繼續議和，李純的聲勢將會繼續看漲，曹錕怎能看這情形發生？當然要反對議和啦！

（現在大家明白，為何民國初年如此混亂，因為除了各派系的相互鬥爭外，派系內部還有著鬥爭啊！）

何況昔日黨羽眾多的段總理怎麼可能如此簡單就被收拾？於是在一九一七年十二月二日，段祺瑞策動督軍團北方十督：曹錕、張懷芝、張作霖、倪嗣沖、閻錫山、陳樹藩、趙倜、楊善德、盧永祥、張敬堯，聯名電請馮國璋明令討伐西南。

眼看著眾多將領都表態參戰，馮國璋明白：「要不先順著他們的意思，這些傢伙第一個要對付的反倒是我了！」

所以在十二月十八日，馮國璋任命段祺瑞為參戰督辦、皖系將領段芝貴為陸軍總長，從這項人事命令其實已經隱約可推敲出，脆弱的和平將無法繼續

2

1

5

4

3

北方十督：1. 曹錕、2. 張作霖、3. 盧永祥、4. 倪嗣沖、5. 閻錫山。

7

6

10

9

8

北方十督：6. 張懷芝、7. 趙倜、8. 楊善德、9. 陳樹藩、10. 張敬堯。

維持，所以到了隔年（一九一八年）一月，越加受到底下將領進逼的馮國璋就命令曹錕揮軍進攻湖南，護法戰爭重新開戰！

重燃烽火的湖南戰場，勝敗之勢已有變化。亟欲證明自己威勢的曹錕軍，士氣高昂，而原本獲勝的護法軍卻軍心渙散。因為原本的主力──滇系、桂系部隊在與馮國璋達成和談共識後，就迅速撤離戰線，現在留下的是傾向支持孫文但卻極不成氣候的雜牌軍。

所以雙方甫一交鋒，護法軍立刻連吃敗仗，把先前攻下的戰略要地，一一吐回給曹錕。但令人悲哀的是，那人命消逝、殺生漫天的戰場早已不是南北政府最注目的焦點，畢竟戰爭只是一種手段、一種宣示、一種象徵，真正重要的反而是笑中藏刀、腹中藏劍的政壇。

對於主政北方的馮國璋來說，北京是越來越難待，他與長江一帶的嫡系部隊分隔，難以指揮軍權，同時國會還被段祺瑞掌控，形成對總統職權的壓制。

對領導南方的孫文來說，廣州也真不是個好地方，軍隊從頭到尾都不歸他管轄，而在他老兄把錢花光以後，竟連當初被他號召來南方的國會議員也開始紛紛投靠南方的實力派軍人。

南北雙方的政治首腦都陷入被架空的狀態，不得不說，當真是悲哀得好笑！

馮國璋自然不想繼續被段祺瑞壓制，於是有一天，他突然宣布：「我要親征西南軍閥！」

此話一出，讓聽聞的眾人為之一愣，怎麼一向主和的馮國璋突然變成戰場急先鋒了？但是段祺瑞稍微推敲一下，立刻得出一個結論：「他老兄只是想藉機回到老地盤江蘇重掌軍權！好不容易逐漸把你困死，怎能讓你鹹魚翻身？」

於是段祺瑞立刻聯繫在安徽的部下，攔截了馮國璋的鐵路專車，將他逼回北京。

然後眼看馮大總統明顯不老實，段祺瑞決心讓馮國璋倒台，才好一手掌控政局。

可要拉倒馮國璋，也不是件容易的事，為了確保萬無一失，段祺瑞首先要先獲得北京城附近的武力奧援，好壯聲勢。於是他命人聯繫東北奉系的張作霖：「如果你肯領軍支持我，我就贈與你大量的日本軍械。」（段祺瑞當時跟英、日兩國頗有合作關係。）

能得到好處，張作霖立刻答應，接著率軍入山海關，為段祺瑞撐腰。

不過，大家可別以為接下來段祺瑞要搞軍事政變。人家可聰明得很，軍事政變雖然看似能快速奪得政權，但實際上不但會受到輿論的抨擊，要是軍隊沒掌控好，反而會給有心人趁虛而入，最後局勢失控。要奪得政權的方法，其實當初一代老奸袁世凱已經為後來的北洋諸將立下良好示範，那就是……操控國會，經法律手段合法獲得政權！

對段祺瑞而言，那真是再簡單不過的事。因為此時的國會大多是親段的安福系，他們可是蓄勢待發，等著把段祺瑞重新拱上總理大位。而且馮國璋的總統任期正好也在當年就要屆滿，「合法驅馮」就成為段祺瑞威壓馮國璋的撒手鐧。

面對步步進逼的政敵，馮國璋當真是束手無策，只能任命段祺瑞重回總理職位。但這不代表段祺瑞就真的完全掌控大局；事實上，攻打湖南的曹錕軍主帥吳佩孚在擊敗護法軍後，竟然放棄追擊敵軍，逕自停戰。同時曹錕又突然變調，改口說：

「其實我也不全然反對主和，到底要戰要和？是可以好好商議的。」

大家會不會忍不住發出哀號：「這些人把我搞得好亂啊！」

說真的，我也覺得好亂啊！但其實換個角度想，只要把這一票民初政治人物解讀為：「我想當老大！今天誰能幫助我當老大，我就挺誰；哪天誰阻礙我當老大，我就反對誰。」

所以不管是支持、反對、聯合、背叛……全都只是一時的，只有爭權才是不變的！」

或許這樣就能比較釋懷，或較為輕鬆地繼續讀完這段歷史吧？

總之，段祺瑞漸佔上風，但局勢仍充滿變數。馮國璋敗象漸露，可不時出現奧援。就在此時，段祺瑞跟馮國璋說：「這樣好了！為免局勢更加混亂，我們兩個一起辭職下台吧！」

馮國璋盯著段祺瑞提出的條件，他越看，心情越加複雜。可最後他還是

只能長嘆一聲：「這未嘗不是個體面的方法。」

於是一九一八年八月，段、馮二人協議在九月四日共同下野。

表面上，這兩人看似兩敗俱傷、同歸於盡，但馮國璋很清楚，他這大總統下野是真的徹底歇氣，但段祺瑞卻可以在暗地裡指揮力挺他的安福系國會來影響政局，也就是說，馮國璋最終在這場權力鬥爭中失敗……

北方的政爭歷經波折，才由段祺瑞先勝後敗最後再取勝，而南方的政爭則是……毫、無、懸、念！

再次強調一個觀念：沒有硬實力（軍隊），在亂世就沒有任何底氣！所以只有部分海軍支持的孫文，在西南軍閥面前只有吃鱉的份！

早在一九一七年底，陸榮廷、唐繼堯就聯合曾擔任過總理而頗具政治威望的唐紹儀另組「中華民國護法各省聯合會」，此組織是獨立於孫文大元帥府外的權力中心。當初答應與馮國璋的北洋政府議和，就是從這決議。唐繼堯更將自己的滇軍改名為靖國軍，這就在昭告天下：「老子從此跟孫文的護法軍不是一夥的！」

問題是：即便所有軍閥明擺著不甩孫文，但他仍認為自己是大元帥，不斷嚷著要眾人尊他號令。眼看孫文仍不知輕重地指東畫西，唐、陸二人的反應是：「這傢伙好吵！乾脆連他發言的權力都給搞掉吧！」

於是，陸榮廷等人與北洋軍閥達成共識後，索性收買了孫文帶來的國會議員，最終在南方的非常國會中以法律形式拔去孫文的大元帥職位，並架空他一切的政治權力！孫文只能悻悻然地吼出：「南北軍閥皆為一丘之貉。」隨後離開廣州政府，並眼睜睜看著西南軍閥張牙虎爪地終結護法運動。

順帶一提，正因護法運動的失敗，孫文有了新體會：「未來一定要有軍權支持，而這支軍隊須由革命黨控制！」因此他找上了昔日同盟會中唯一還握有部隊的陳炯明合作。

一開始兩人合作愉快，陳炯明帶兵打回廣東，還把陸榮廷的廣西地盤也給占領了。

孫文也在其支持下重新主政，他甚至還要求來到南方的非常國會選舉出「非常大總統」，並在之後勝選。這也是繼臨時總統後，孫文又一次獲得和總

統相關的頭銜。

但接下來，孫、陳二人鬧翻了！原因出在孫文身上。孫大炮一天到晚跟陳炯明說：「搞北伐！搞北伐！搞北伐！搞北伐！

搞北伐！搞北伐！搞北伐！搞北伐！搞北伐！搞北伐！

搞北伐！搞北伐！搞北伐！搞北伐！搞北伐！搞北伐！

搞北伐！搞北伐！搞北伐！搞北伐！搞北伐！搞北伐！

搞北伐！搞北伐！搞北伐！搞北伐！搞北伐！搞北伐！」

甚至最後還說：「就算放棄廣東地盤，我們也要破釜沉舟，永遠不回頭地北伐！」

聽到這樣的主張，陳炯明就差沒對孫文吼道：

「你孫文是不是小時候太平天國故事聽太多，結果腦袋中毒，竟沒事要學流寇主義：只向前打，不顧後方建設。

要知道，中國歷史上沒有任何一個流寇有好下場啊！」

我想強調一點：是人，就有長處及短處。或許孫文從來沒能成功地完成夢想，原因出在：他欠缺許多解決問題的能力；但他為理想奮鬥的行動力、隨時接收新理念及調整想法的積極態度，或是至死仍牽掛的執念，不也值得肯定嗎？

我對孫文沒有效果的手段皺眉，卻又被他努力的氣質折服。有句話說：「蓋棺論定」，但我研究孫文，卻發現自己始終無法得出一個具體的結論，並且不時對他有新的想法。也或許，其實歷史資料中的孫文從未變過，而是我這閱讀者在不同人事時地物的情況下改變心境。這也就是歷史好玩的地方，原來我們不單純是在閱讀史料，其實在接收及描述的過程中，也是在呈現自己。

一心想要揮師北伐的孫文。

回到護法運動，我想提出一個問題：「護法運動」有何重要性，讓它足以被記錄在課本上呢？

現在課本的篇幅被大幅

度縮減，所以很多史事和人物被迫消失。對於尊崇孫文的兩岸政府來說，孫文在這場政爭可謂灰頭土臉，如按勝利者史觀，為何一定要記錄這失敗的歷史？

當然，大家可以說這事有發生過，所以如按時間順序敘述，不得不提……等一下！問題是教科書常常省略不得不提的事情不少啊！

唐朝自安史之亂後，其實還延續一百多年，為何中間就只敘述「藩鎮割據」，然後突然跳到「黃巢之亂」？然後，歷史學中有所謂的「唐宋變革」，意思是指相對開放的唐朝過渡到相對保守的宋朝，這可是個大哉問，並影響華人的文化精神。

（「萬般皆下品，唯有讀書高」的精神就是在這一階段逐漸產生，現在兩岸無數學子，從小不斷被整個社會風氣逼得用功念書，難道不是個值得探究的議題嗎？）

結果，課本有出現或強調「唐宋變革」嗎？沒有！一個不知所云的「五代十國」就這麼帶過一段歷史。

事出有因，其來有自，任何事情會存在有它的原因；任何事物會消逝也

一九一九年（民國八年）二月二十日，北京政府和南方護法軍政府在上海舉行議和會議。站立者為北方總代表朱啟鈐。會議桌左側為南方代表，從左至右：王伯群、郭椿森、繆嘉壽、章士釗、唐紹儀、胡漢民、曾彥、劉光烈、彭允彝、李述膺、鍾文耀。門前方桌後右為賈士毅，左為周詒春。

有它的理由。當人能思索事物的價值時，不僅能理解現在，更有可能透過事物的演變，最終開創出新的事物。

比方說：老ㄕ還是學生時，網路流行一種東西叫「聊天室」。說實在話，我第一次接觸聊天室，當真覺得莫名其妙，怎麼有那麼多人沒事掛在網路上跟一群不認識的人抬槓？然後一段時間後，「聊天室」消失了！我當初認為，那不過就是一股風潮的消失，或是被新的科技所取代。現在想想，聊天室為何盛行？

是因為無聊或寂寞。人需要打發多餘的時間才產生如此行為，這不是群體的無意識，恰恰是個人的情緒抒發。

那聊天室為何消失？其實也就是個人的需求無法得到滿足，畢竟跟一群完全不認識的人聊天，不是每次都能愉快。於是大家尋求更能滿足的方式，有人想要更聚焦地聊天，所以出現像「愛情公寓」這種有主題式的網站；有人想要更快速回應，所以出現即時通、ＭＳＮ這種快速互動的軟體。當然它們的消逝，就出自於後來無法更快速地讓使用者互動。

拉回主題，我們一起來思索，為何護法運動會在今日的教科書存在？

我認為它之所以無法被忽視的原因是：中、國、分、裂！袁世凱過世後，那時沒有任何一人（哪怕只是表面上）能統合各方勢力。但哪怕是民國第一場內戰的二次革命，或是讓老袁倒台的護國軍，以及對北京政府常保戒心的西南軍閥，都沒有做出「另建政府」的口號或行動。護法運動卻讓中國不折不扣地出現兩個以上的政府，在此之後，中國也沒有出現「唯一且統

（左上）白崇禧與蔣介石，攝於北伐期間；（右上）白崇禧。
（左下）馮玉祥；（右下）李宗仁。

一」的政府。

（教科書提到日後蔣介石北伐、統一全國，但實際上，當時蔣介石能實際掌控的地盤並不多。因為粵系的李宗仁和白崇禧、晉系閻錫山、國民軍系的馮玉祥，各自擁有其實力，他們只是「表面上」服從國民政府的號令，更別提當時還有中國共產黨成立「中華蘇維埃共和國」政府了！）

如此說來，護法運動豈不是決定中國今日格局的大事？能不被重視嗎？然後老ㄕ接下來要說句不中聽的話，那就是……正因為中國分裂，所以民初稍有野望的有力人士，例如：北洋軍閥的擴張、孫文及蔣介石的北伐計畫、毛澤東所謂的建立新中國，無不以「統一」為目標，企圖重建民初唯一政府的光景。只是隨著政權或強人的興衰替代，這當中含有多少數不清的酸楚？我想只能借用前人的一句名言來表達：「興，百姓苦；亡，百姓苦。」

這也就是我為何努力敘述這個混亂時代的動力。生活已經相對安定許多的我們，實在不該輕易抹去前人的衝突及辛酸；那了解這段歷史以及它存在課本的原因又有何用處呢？如果有讀者進一步提出如此疑問，老ㄕ會說：

「我也不知道對個人會有何用處。」因為每個人想法及所需大不相同，面對同樣一段歷史，也就有不同的認知，所以我敘述的護法運動僅是我個人之見，但對每位讀者，我想一定有許多其他的觀點以及有價值的事物等著去發掘吧！

第五章

直皖戰爭

護法戰爭過後，中國正式分裂成南北兩大勢力，而南北勢力又分成若干不同勢力。

南方方面，孫文聯合握有軍隊的昔日同盟會會員陳炯明掌管廣東，桂系陸榮廷、滇系唐繼堯，也各自成為一股勢力。

北方方面，也有三大勢力，分別是：皖系段祺瑞、直系馮國璋，還有日漸在東北崛起的奉系張作霖（此三派系名稱，皆因領導人的出生省份得名）。

當然，還有像山西閻錫山、遊蕩北方軍閥之間的馮玉祥，這樣的小勢力。更別提四川這個天府之國，早不知內戰到啥地步。到底有多少軍閥，估計沒有人能數得清，這也造成有志蒐集民國貨幣的收藏家，動不動就拿出一枚不知是哪位仁兄的人頭貨幣說：「看到沒？這是四川某軍閥鑄造的貨幣，由於他老兄很快被人推翻，所以流通到市面上的不多！就我所知，世界上只有三個人擁有，一個是我、一個姓張，還有一個我不能說……」

好的！請聽我說一句早不知出現幾次的感慨，「那時的中國就是一個字可形容……『亂』哪！」

眾多勢力中，皖系段祺瑞絕對是最強的存在。且不說他控制了北京及國會，握有正統政府的地位，以軍隊素質來說，皖系的起源可追溯至清末的小站練兵，當真是老資格中的老資格，能與之媲美的只有當時排行第二勢力的直系。

按本人的觀念，所謂「北洋軍閥」其實只有直皖兩系，因為這兩股勢力才是袁世凱這位清末北洋大臣的嫡傳體系。奉系的張作霖，跟老袁的關係可謂疏離之至。（張作霖在清末最初是投效袁世凱的競爭對手——宋慶，之後在東北幹過馬賊，直至被清朝收編。在此期間，張作霖都不受袁世凱的管轄，兩人第一次打過正式照面，恐怕是民國成立之後的事情了！）

宋慶。

至於閻錫山，他老兄當初在辛亥革命期間還隸屬革命勢力的陣營，以至於被老袁派去的曹錕爆打一頓。你說他也是北洋軍閥？我會回答：「算了吧！」

直皖兩系既然系出同門且淵源流長，那其中的恩怨糾葛可就多了！打從袁世凱死後，兩派首領的馮國璋、段祺瑞就不斷暗中較勁；到了護法運動，雙方更是多次在政壇上交鋒，最後段祺瑞實際執掌北京政壇，馮國璋則下野歸鄉，皖系獲得實質的勝利。

不過各位有沒有注意到一個問題……又沒人當總統了！

總統輪替，權力過渡的中場時間

我說這世界上矛盾的事情當真不少，自民國建立以來，總統寶座是所有人夢寐以求的權力象徵，但打從孫文、袁世凱、黎元洪、馮國璋這些人當了總統之後的政治生涯各個沒好下場，這個職位當真是誰當誰完蛋！

尤其民初的總統又長期受《臨時約法》的內閣制精神壓制，看看當初的黎元洪竟還被總理秘書徐樹錚霸凌，這位子當真不好坐！可問題是：總統畢竟是名義上的元首，總不能找個阿貓阿狗當吧？拿現在的印度來說，它是內閣制國家，所以最有實權的官員是總理，但仍有總統作為名義上的元首。大家如果去看這些實權不大的歷任總統背景，會驚奇地發現，幾乎每一個都當過政府高官，像是中央部會首長或是一省之長！

比較特例的是第三任總統——扎基爾．海珊，他當總統前只是大學教授，但仔細一瞧……這人擁有第一級公民榮譽獎——印度國寶勳章！這可是印度學術界上的最高榮譽啊！所以再次強調，就算只是虛位元首，也不是誰都能當。

可是對於民初政壇而言，總統這位置卻又極富政治能量。因為沒有人能預料，如果哪天總統本身實力夠硬，會不會轉而實施總統制。（袁世凱就很成功地把自己變為超級總統，馮國璋當代理總統時也讓政敵段祺瑞吃足苦頭。）

所以對於段祺瑞來說，新上任的總統最好名聲夠高，卻又沒啥實力；既能當個沒啥用的裝飾門面，卻又多少能發揮一點調解功能，作為各方勢力的緩衝。想來想去，段祺瑞最後大腿一拍，高聲說：「也就只有他了！」

於是新的總統出現了！那人叫……徐世昌！

大家對徐世昌雖不熟悉也應該不陌生吧？他可是為民初格局定調的關鍵人物，所以我們有必要好好複習他的來歷。

徐世昌，字卜五，號菊人或東海居士。

他與袁世凱是河南同鄉，在其資助下，赴京科舉，最終取得良好成績得以進入翰林院。之後在認識袁世凱的潛力後，他甘願捨高階文職而進入小站新軍中當袁世凱的低階幕僚，為北洋軍爭取後勤補給及政治資源上立下眾多功勞。自此，徐世昌擁有一個極為特殊的優勢，在文職及軍隊中皆有威望及基礎，加上他本人又是個連袁世凱都佩服不已的人物，最好的證明就是當袁世凱被攝政王載灃逼退回家，而眾多北洋文官也受影響而去職時，只有他非但沒被罷免，最後來當上清朝內閣的副總理（正式官職名稱為協理大臣），成為政壇上的不倒翁。

等到民國建立，對清朝仍有些許眷戀的徐世昌，一時之間甚少涉入政事。即便如此，袁世凱當皇帝時，還把在家閒散的他封為「嵩山四友」之一，給予眾多政治特權，比如遇皇帝免跪，還可以坐著說話。而當老袁臨死之際，特地請求徐世昌照顧袁氏一族，因為老袁明白，只要有他的照料，袁家必能安然無恙。

等到袁世凱過世，眾人正為民國該執行「內閣制」的《臨時約法》還是「總統制」的《中華民國約法》時，又是徐世昌跳出來說：「依法辦理。」然後這句模稜兩可的話，竟就說服各方勢力放棄爭論，讓政府正常運作，當真是總有辦法的超級官員！

看到這裡，我想大家應該都會驚呼：「沒有比他更合適的人選了吧！」而徐世昌本人對於這突如其來的總統寶座，倒是看得挺開的：「反正我就一介文人，怎麼幹也幹不過你們這票武將，何況現在除了派系眾多外，每個派系還分裂成若干小派系內鬥。比如：同為直系，曹錕及李純互尬得厲害！比如：同為皖系，徐樹錚及靳雲鵬爭鋒相對！這些紛紛擾擾，我是不能管也不想管，但真撒手不管，到時這些人要真火拚起來，苦的是老百姓，害的是國家啊！所以既要我粉墨登場，我也就登場亮相唱幾齣，能擋多久是多久吧。」

（民初重要經濟人物，號稱「袁世凱財神」的梁士詒，對於徐世昌重返政壇當總統，曾有如此說詞：「東海已願犧牲一身。」

梁士詒。

老ㄕ要提醒，徐世昌一向跟梁士詒關係良好，甚至等到他當總統後，立刻提拔梁士詒擔任要務。嗯……這樣下屬幫上司說話兼抬轎的行為，直至現在選戰期間仍次次上演。只能說，華人在官場文化的傳承是非常成功的！不過我又要說，看到老ㄕ講述的民初政壇……想當那時總統的請舉手！我認為大概只有兩種人會想當：一種是自以為有理想有力量可以做好做滿，一種是權力中毒過深而甘願身受其苦。徐世昌其實較偏前者，因為自從大清滅亡後，他多數時候甘願賦閒在家，不大像熱中權力之人。當然，這僅是老ㄕ的一己之見罷了！）

總之在民國七年（一九一八年）八月，透過北京安福國會的選舉下，徐世昌當選為總統，而他也立刻喊出執政目標：「偃武修文，召開南北議和會議，謀求和平統一！」

在此我要打住敘述，先交代一下，那位卸任的前代理大總統——馮國璋的下場。

他老兄一九一八年辭職，一九一九年就因肺炎去世了！雖然這位總統的喪禮搞得「各機關搭祭棚二十餘處，市民觀瞻盛儀為之塞途」，但他死不是重點，因為活著的人才是真正的要角。尤其這位直系老大哥逝世，代表直系勢必要誕生一位新任領導人。

事實上，這位主角已經以配角身分多次出現，所以他本人應該也是迫不及待地想要揚眉吐氣一番吧！

自袁世凱死後，民初軍政界分裂成若干大勢力。直系就是其中影響力頗巨的一支，而這些大勢力還會再分裂成若干小勢力；這些小勢力的首領為了爭奪大勢力的領導權，不知發生過多少次的惡鬥。這當中又不知有多少名震一時的人物，在鬥爭失敗後，不但在當時抑鬱而終，最後還就此沉寂於歷史長河中。

李純就是個很好的例子，他老兄最初可說是直系的第二號人物，在二次革命時期就受老袁重用，率軍南下擊潰革命勢力，因此在江西、江蘇一帶建立

根據地，和現今更名不見經傳的兩位將領，被時人稱為「長江三督」，真是威風！可是如此強悍之人，最終根本不被記錄，只因為他被更強之人擊敗，這位民初歷史舞台上的主角，名叫曹錕！

曹錕登場

曹錕，字仲珊，直隸省天津縣人。

由於在家中排行第三，與他相熟的，都叫他一聲「曹三爺」。

因為家境並不富裕，曹錕十多歲開始販布貼補家計，不過我很懷疑曹錕到底能幫家裡掙多少錢？因為他喜歡在賣布時喝酒，且經常喝醉，之後便席地躺臥呼呼大睡。有些死小孩就趁機把他賺的錢偷走，哪知曹三爺在睡醒後，也不當一回事，只是一笑了之！甚至當別人告訴他是誰偷錢後，他還是不去追討。有人就納悶，問他：「為啥不去追究？」

曹三爺笑著回答：「我喝酒，圖一樂耳；別人拿我的錢，也是圖一樂耳，何苦再去追拿？」

別人聽了直搖頭，覺得這人就是個傻逼。於是曹三爺又多了一個稱呼……曹三傻子！

有道是「別人笑我太瘋癲，我笑他人看不穿」。三爺雖看似不長進，但心裡還是有為自己打算，擺攤叫賣、斤斤計較的小本生意本非他這粗線條所長，倒是身子骨結實，為人又看得開，當兵或許是個不錯的選擇。

於是二十歲那年，曹錕加入了李鴻章的淮軍，數年後更進入了天津武備學堂。之後，朝廷要練新軍，需要大批的將官人才。曹錕畢業後，前往新軍訓練營報到，新軍長官授予他右翼步隊第一營的幫帶。那個新軍訓練營叫小站，而新軍長官……則是袁世凱！

曹錕。

在小站中，三爺晉升速度不算快。畢竟當時的主角是北洋三傑「王、段、馮」（此三傑都是優等生，還去過德國留學長見識，可說是重點培訓人才。而曹三爺的成績則沒有太多的紀錄，可我懷疑如果他將賣布的態度應用在學習上……就算沒被死當，也只能低空飛過）。

不過能在日後的教科書留名，曹三爺自然有他獨特的本事。首先，他的打仗本領應該不差，想當初辛亥革命時，鄰近直隸的山西省宣布獨立，山西新軍更擁護閻錫山當領袖，大有揮師東進、直取北京的氣勢。

當時曹錕負責鎮壓山西新軍，最終打掉閻錫山的老巢太原，很是威風！再來曹三哥還很懂得收買人心，據《民國官場現形記》所說：曹錕為人豪爽，平時喜歡以老大哥自居，動輒呼人「老弟」，對底下的軍官兵士，極為大方。

一年冬天，曹錕特地購置了一萬件皮袍，凡直屬軍官將士，每人發一件！然後曹錕說道：「咱們軍人向來有個『同袍』的名字，所以我今天每人賞一件羊皮袍子，就是實行『同袍』二字的意思。」底下人聽了這個硬掰的名詞解釋，當即哈哈大笑，隨後高聲道：「我們既是曹大哥的同袍！不管啥事，自當為你效命！」

看到這，我突然覺得曹三爺挺像一個人物：漢高祖——劉邦。劉邦從小也是不學無術，每天喝酒、混吃等死，還常常把朋友帶回家吃閒飯。之後

閻錫山。

劉邦搞起造反事業，雖然平時還是小混混模樣，喜歡在接見部下時在他們面前洗腳，並叫幾個美女為自己馬殺雞，一整個跩樣。

不過論到給賞賜時，劉邦卻從沒手軟過！死對頭項羽的部下英布叛逃至劉邦麾下時，劉邦送給他的宅邸，內部擺設及規格竟與劉邦相同。這就好比老闆送你車子，竟然送的就是他平常在開的同款藍寶堅尼，那當然讓手下感激涕零！所以劉邦最終能贏得天下、建立大漢，根據他本人及手下總結的原因就是：「懂得用人及拉攏人心！」

曹錕也像劉邦一樣，用高薪、重賞還有他特有的直來直往的親和力爭取人心。也因此他爭取到一名人才甘願一生效忠，並助他問鼎天下！那人叫做吳佩孚。

吳佩孚，字子玉。

出身商人家庭，由於家庭狀況不錯，所以能從小專心讀書。而吳同學能力著實不差，竟也考取了秀才。

不過吳秀才接下來未能繼續在科舉考試中高升至舉人甚至是進士，反而時運不濟地當起路邊算命先生。

有一日，吳半仙在冷清的算命攤前突然想到：「男兒志在四方！我為何要在此虛度人生？讀書沒前途、生意做不好，我乾脆從軍爭取功名！」

於是吳佩孚投效天津淮軍聶士成部隊，之後又加入北洋武備學堂以及保定陸軍速成學堂，學習軍事。

一九〇七年，吳佩孚隨曹錕的北洋第三鎮駐紮於東北並擔任低階軍官。某年除夕，是個大雪紛飛的夜晚，眾多軍官都躲在屋內取暖，然後吃著火鍋唱著歌，享受即將到來的新年，但吳佩孚卻跟他的部隊說：「著裝出發，我們去剿匪！」

我想當時底下的士兵應該這麼想：「這麼冷的天去剿匪？有病啊！」可吳佩孚仍義無反顧地出發，部隊迅速消逝在寒冷的大雪夜。

第二天，也就是大年初一一早，曹錕突然聽到軍營一陣騷動：「真的？假的？」

「你聽說了嗎？」

「就在軍營口，趕緊去瞧瞧！」

曹錕一股腦火：「娘的！幹嘛在那嘟嘟嚷嚷的？」然後他走到外面一看，吳佩孚立正向他報告：「秉統制，昨夜本營出擊，趁敵匪不備，擒獲二十餘人及大筆贓物，現部隊正在搬運贓物，請統制查閱！」

（上）吳佩孚；（下）聶士成。

這是曹、吳兩人結識的開始。

之後曹錕某次跟一位將領湯薌銘會面，湯薌銘說：「三哥，聽說你手下有個了不起的人才，請你借給我行不行？」

曹錕問：「哪位人才？」

湯薌銘說：「就是你的副官吳子玉！」

曹錕心中一驚，因為他素來佩服湯薌銘有識人之能，所以當下他不講話，卻在會後立刻跟人說：「咱們的人才，難道咱不能自己用？把子玉升為第六旅旅長！」

過了一段時間，曹錕率軍鎮壓雲南護國軍，可這次曹三爺栽了大跟斗，竟在冠山這個地方被護國軍包圍，困在死谷之中。

正當曹錕都準備投胎轉世時，吳佩孚突然率領一支為數五十多人的騎兵隊突圍，並且把胯下坐騎給曹錕，對他說：「你先走！這裡有我！」

說完，繼續衝向敵軍，為曹錕爭取撤離的時間。

曹錕感動了！那一刻，他在心中吶喊著：「吳子玉不是我的人才，而是可以託付性命的至交啊！」

自此，曹錕特別看重吳佩孚。

比方說：一九一七年，孫文指責在北京執掌大權的段祺瑞破壞《臨時約法》，於是號召海軍以及部分第一代國會議員在廣州成立「中華民國軍政府」，並結合西南軍閥力量，宣布討伐段祺瑞，展開護法運動。

湯薌銘。

支持護法的西南軍閥一開始仗著北洋軍鞭長莫及的劣勢，在鄰近西南地區的湖南、湖北一帶接連打了幾場勝仗。主政的段祺瑞眼見情況越演越烈，於是命令曹錕指揮主力部隊進攻兩湖戰場，可是曹錕當時也身兼直隸督軍的要職，難以直接率領部隊南征，這時就需要另派底下的人擔任援軍主帥。而這主帥之位，有兩人呼聲最高：一是軍中宿將汪學謙，此人帶兵多年，而且在軍政各關係都搞得挺好！二是曹錕的七弟曹琮，會有這提案，是因為有部屬想讓曹家人掌握兵權。面對這兩個選擇，曹錕歪著頭，想了一會兒，然後語出驚人地說：「就讓吳子玉擔任第三師師長，率軍南下救援！」

這話一出，當場讓眾人炸鍋！軍中將士吵著說：「旅座（汪學謙當時是旅長）帶兵多年，眾兄弟都服他，吳佩孚是後生晚輩，怎能擔此重任？」

曹家人也吵著說：「三哥（曹錕在家排第三），你不讓七弟掌兵，好歹讓汪學謙掌兵啊！人家性情謙和又得軍心，哪像吳佩孚一個狂勁，這怎叫人心服啊！」

眼見底下人大吵大鬧，曹錕氣極而怒吼：「夠了！吳子玉跟我多年，無役不與且文武全才，不用他用誰？我倆是焦不離孟、孟不離焦，用了他，我就是敗了也認！用不著你們跟著摻和！」

吳佩孚一整個糾甘心，而他的感激也反映在實際表現上。由吳佩孚領軍的援鄂大軍只花兩個月的時間就擊敗護法軍隊，穩占湖南湖北，也因此讓之前僅是中階軍官的吳佩孚掌握強大軍力，迅速躍升至軍界一線角色！

有道是：「能用眾力，則無敵於天下矣；能用眾智，則無畏於聖人矣。」能爭取人心並善用人才，是曹錕為何能後來居上，擊敗最初佔有優勢的李純而成為直系首領的原因。

於是，好不容易成為直系帶頭大哥的曹三爺，終於要迎戰自小站練兵時就一直仰視的強勁敵手，北洋之虎——段祺瑞。而直皖兩系的正式衝突的爆發點，則是徐樹錚的任免問題。

權力，永不止息的戰爭原因

大家對徐樹錚不陌生吧？此人是造成黎元洪及段祺瑞府院之爭的一大因素，而作為段祺瑞最信任的幕僚，他在組織第二代國會，也就是支持段祺瑞的安福國會，出力甚多。不過真正讓徐樹錚揚威民國政壇的，則是捍衛國土的軍功！

話說自打清朝滅亡後，外蒙古就陷入了一種尷尬地位：以前大清皇帝兼具「蒙古大汗」地位，這才擁有對蒙古的統治權。所以宣統皇帝退位時所頒布的詔書還特地提了一句：「即由袁世凱以全權組織臨時共和政府與民軍協商統一辦法，總期人民安堵海內欠安，仍合滿、漢、蒙、回、藏五族完全領土為一

大中華民國。」

有沒有看到，清朝皇帝很夠意思地明確表示，中華民國繼承了大清皇帝對蒙古的統治地位。無奈的是，一開始眾多共和人士腦筋轉不過來，仍存在著濃厚的「漢族」思想，只求恢復先前明朝的統治地區，至於那些在大清盛世下拓展的眾多版圖，不要也無所謂啊！

可別以為老ㄕ是在挑撥民族情結，還亂黑昔日的建國人士，從眾多革命組織的口號或旗幟，都能看出太過漢族本位的痕跡。

先提同盟會吧！開頭就是：「驅逐韃虜，恢復中華。」老ㄕ是不是能這麼解釋：「滿族人滾回你們所謂的東北龍興之地吧！咱們的中華政府沒你們的位置！」

然後在武昌起義中占有極重要地位的共進會，他們的會旗叫鐵血十八星旗，並在起義成功後，成為湖北軍政府的代表旗幟。

何謂十八星？那代表關內十八省，也就是明朝的漢人版圖。至於滿族的東三省、藏族的西藏省、花了好大精神才保下來的新疆省，完全不在這些人考慮的國家版圖中。那老ㄕ是不是能這樣解釋：「這樣啊！你們新的中華政府不邀請接納我們這些非漢人民族，那我們就獨立，或是直接加入其他更大咖的勢力喔！」

這麼說不是謾罵建國人士目光短淺，而是強調「坐在不同位置，就有不同思考方式嘛」！尤其以往漢人老祖宗喊的「反清復明」之類的口號，實在挺順耳熟悉，又符合實際目的，革命派人士自然借用得不亦樂乎！可等到他們真要建立一個國家時，想法又立刻改變：「清朝建立的江山版圖，比起明朝是大大地好啊！沒理由已經撿到手的便宜丟出去給別人啊！」

所以各位看到，代表族群融合的「五色旗」瞬間成為中華民國第一面國旗，這證明建國人士們還是講實際的！

問題是：以前成天喊著「驅逐韃虜」，突然馬上改口「五族共和」，如果各位是少數民族，請問……你信嗎？所以不少滿蒙人士在大清倒台後成天就在謀劃所謂的「滿蒙獨立」，這表示他們對以漢人為主的新興共和政權是十足不信任。（滿蒙獨立的代表性人物是昔日大清的肅親王——善耆，他在晚清可

肅親王善耆。

是皇族中的開明派人士。當初汪精衛去炸攝政王載灃被捕，還是善耆出面力保其性命，才讓他能活到共和成立。可即便是這樣的開明派，也極不信任中華民國，以至於搞了兩次滿蒙獨立。善耆為了讓日本人成為獨立運動的支援力量，甚至還把其中一個女兒過繼給日本人川島浪速作養女，她就是日後名震抗戰間諜界的川島芳子。）

所以打從中華民國建立，外蒙古就成為一個尷尬難解的問題。民國政府不想放棄，但也很難堅持（人家可是有自己的民族意識，若按民族自決要鬧獨立，合情合理啊！重點是，背後有外國勢力搞鬼，成天就想要外蒙脫離中華民國，再藉機鯨吞蠶食）。面對如此尷尬的民族問題，一九一九年，外蒙古突然說要自治，面對這個變局，段祺瑞的底下大將徐樹錚也立刻宣布：「成立西北邊防軍，鞏固我國北疆一帶！」

愛新覺羅顯玗，肅親王善耆的第十四個女兒，七歲時成為川島浪速的養女，並改名為川島芳子。

這支邊防部隊才剛由幾千人組成，就立刻被徐樹錚拉去大漠，氣勢洶湧地奔襲外蒙政治中心——烏蘭巴托。外蒙人士完全沒料到中華民國竟然有如此大動作且迅速的反應，眼看情況不對，只能宣布取消自治。於是段祺瑞政府暫時漂亮地保住在外蒙的勢力及地位。孫文還特地發了封電報稱讚徐樹錚是民國班超，可見當時不分黨派，都高度肯定段祺瑞及徐樹錚的貢獻。

（所以不要再動不動說北洋軍閥喪權辱國了！袁世凱沒搞丟外蒙，段祺瑞沒搞丟外蒙，兩人雖然都對日本妥協，但那是實力懸殊下的必然結果，況且也從未全盤接受。不過以上內容，老ㄕ是以中華民國的角度來敘述，對於外蒙、西藏的居民而言，未必感到舒服，畢竟他們反倒覺得中國政府實在管太多了！甚至翻看中國附近民族的紀錄，中國欺侮外族的紀錄，那真是多到能堆成山！以至於歷史學家唐德剛先生就感嘆：「所有越南的民族英雄，都是抗華英雄。」當然，那又是另一段故事，就不在此贅述了。）

徐樹錚的捍衛國土之功的確精采，問題是當時的反段勢力卻感到畏懼。因為段祺瑞、徐樹錚就此逮著機會，以國家安全的名義擴張軍力，使皖系的實

出任西北籌邊使的徐樹錚，將庫倫辦事大員公署改設為庫倫西北籌邊使公署，以加強並鞏固北疆的治理。

力更上一層樓。要命的是，徐樹錚一向對其他勢力的軍閥主張用武力壓制，而段祺瑞又對他言聽計從，這不僅讓其他勢力的軍閥聯想到：「你倆不會藉機用邊防軍的力量滅了我吧？」

當然，徐樹錚只是一個引由，還是請大家記住一件事：「權力鬥爭」。當一個人或是一個團體獲得的權力過多，絕對會引起其他勢力眼紅，以至於大家團結一致滅了出頭鳥，然後瓜分所得的利益。

段祺瑞的勢力已經發展到令眾人畏懼的地步，以至於不止地方軍閥，甚至就連一向想和稀泥的總統徐世昌都看不下去！（徐世昌反段的理由是因為看不慣徐樹錚，但老ㄕ還是認為：這只是藉口。事實上，只要段祺瑞勢力大到侵犯總統利益，徐世昌都會找到一個理由反段，所以還是那句老話……一切都是為了權力啊！）

而曹錕及吳佩孚就是看準了時機，決心正式反段！一九二〇年四月，曹錕在保定召開直、蘇、贛、鄂、豫、遼、吉、黑八省軍閥代表會議，結成八省反皖同盟，隨後命令吳佩孚自衡陽率軍北上作為支援。接著到了七月，兩人發表《直軍將士告邊防軍將士書》，並聯合總統徐世昌宣布撤銷徐樹錚的西北邊防總司令職務。

段祺瑞火大了！「你們撤的是徐樹錚，實際上不就是針對我嗎？」於是段祺瑞強迫徐世昌給予吳佩孚撤職處分，徐世昌表示：「沒問題！你們兩方的要求我都照辦，反正不管誰打贏，我將仍舊保留我的利益。」至此，直皖雙方進入總動員狀態，準備開打！

直系戰神的誕生

在這場大戰爆發前，直皖兩系首領及所屬勢力大致為：

皖系首領：段祺瑞

勢力地盤：北京、安徽、浙江、福建、湖南、部分上海地區。

特殊之處：掌握國會，利用中央政府職權，藉機建軍。

直系首領：曹錕

勢力地盤：部分直隸省、江蘇、江西、湖北、河南。

特殊之處：與東北奉系的張作霖、廣西桂系的陸榮廷有檯面下聯繫。

光從表面上看，似乎很難分出直皖兩軍的高下。（有人說直系跟其他軍閥來往密切，隱隱有聯合眾人包圍段祺瑞的態勢。但實際上，當時奉系的態度表面上是曖昧不明的，甚至直皖兩派都沒能把握張作霖真正的動向。而廣西陸榮廷……別鬧了！他離北京那麼遠，是能發揮多大影響力？）

然後請注意，皖系仗著段祺瑞掌握中央政府，利用執政的便利性藉機建軍，也就是徐樹錚底下的邊防軍。自大清滅亡後，中國的軍隊素質有下滑趨勢，其中幾個原因：一是沒有強而有力的中央政府能長期制定執行建軍計畫；二是各派系擴軍速度過快，因此量雖增，質卻無法有效要求。（我想這也是北洋軍在二次革命之前所向披靡，之後卻常敗於西南軍閥的原因之一。）

但邊防軍卻是段祺瑞利用國防因素，向日本人借貸、花心力裝備，經扎實訓練加實戰經驗而鍛練出的主力軍隊，無論人數、裝備都高過曹錕的直系部隊。所以當時有人問曹錕：「邊防軍實力比你們強大得多，你有何把握？」

曹錕竟回答：「我也沒把握，吳佩孚說有把握，他的把握就是我的把握，所以應該就有把握吧！」

（曹三哥這話一出，老ㄕ還真無言以對。但也由此可見，邊防軍的確強大！）

當大戰開打之際，主要有東西線兩大戰場，分別是：西線——直軍吳佩孚面對皖系的段芝貴，東線——直軍曹錕與皖軍徐樹錚。而在兩軍開打前，東北奉系的張作霖派遣手下大將張景惠順領一個師的兵力，抵達東線戰場附近的天津。不過在戰爭開打前，這支部隊的態度非常曖昧，沒有明確表示他們的目的。

一九二〇年七月十四日，直皖兩軍正式開打！

雖說乍看之下，東線聚集兩軍最高指揮官（直系盟主＋皖系第二號人物），但真正激烈的卻是西線戰場。吳佩孚是曹錕底下最能打的將領，段芝貴也是從小站練兵就加入北洋軍的沙場老將，尤其他率領的正是邊防軍底下建軍最久的第一師，所以西線戰場反而越加磨擦出戰場上的燦爛火花。

段芝貴。

首先，段芝貴把握優勢武力，直攻西線戰場的要衝——高碑店，歷經一番奮戰，他漂亮地擊敗直軍占領陣地，皖系取得戰爭中的首殺（First Blood）！

同一時間開打的東線，皖系徐樹錚也不含糊，他與曹錕戰於張莊、蔡村、楊村一帶。直軍一開始在鐵路附近建立了炮兵陣地堅守崗位，霎時間，槍來彈往，雙方打個不相上下，打著打著，一夥人出現了，就是一群……日本護鐵路大隊。

原來日本人擔心戰火波及鐵路，破壞商品在各地的運輸作業，所以他們表示：「立刻退出鐵道二公里外的距離，否則有損失就找你算帳！」

直軍沒辦法，畢竟對當時中國任何一個勢力而言，外國人都是惹不得的。所以直軍只能從炮兵陣地撤退，這下徐樹錚可逮著機會了！他趁勢掩殺過去，擊退直軍取得戰術上的優勢。

至此，皖系取得雙殺（Double Kill）的漂亮戰果！但這樣的優勢，只維持到七月十六日；到了七月十七日，西線的吳佩孚體會到：「繼續與邊防軍硬碰硬，雙方的差距只會越拉越開，現在只能出奇制勝！」於是他瞄了一下戰場形勢，在攻下高碑店後，皖系邊防軍為了再扳下一城，正往前線不斷增兵……

「有了！」

吳佩孚突然精神一振：「對方部隊正在移動，彼此聯繫不易，而他們距

一九二〇年七月，直皖兩軍在松林店一帶展開激戰。

離前線的指揮部，為了增援前線而派出部隊，自己的陣地反倒兵力削弱，這正是突襲的良機！」

他霍地站起並大吼：「馬上叫人挑出底下最好的部隊，我要親自率領他們進攻！」

語音剛落，他手指地圖，接著喊：「目標，松林店！」

松林店，這裡是皖軍後方發兵的涿州基地，與正在激戰的高碑店前線間的交通要點，同時也是皖系西路軍的前指揮部所在。

是日，皖系大將，第二司令兼前敵司令的曲同豐正安穩地調兵遣將，突然，傳令兵慌張地跑了進來：

「報告司令！敵軍來襲！」

「什麼？」

曲同豐一時之間以為自己聽錯了，「前線不是正取得優勢？對方怎會……」還未整理出頭緒，他聽到軍營發出激烈的嘈雜聲響，然後又是一個傳令兵衝進來：「報告司令！敵軍已經殺到，然後咱們的第二旅一看情況不對，竟然譁變棄守了！」

曲同豐跌坐在椅子上，他知道再過不久，自己就不是皖系的司令官，而是直系的階下囚了……

而在十七日的東線戰場，皖系軍雖稍占上風，仍與直系軍陷入僵持狀態。正當徐樹錚想要繼續搶攻之際，突然收到一個令他崩潰的消息：「急報！天津附近的東北軍竟增援敵軍！」

徐樹錚矇了！原來悶不吭聲並表現有如狀況外的張作霖，竟有如此深的心機！

他讓直皖兩軍相互廝殺，藉此觀察雙方底細並等待軍隊戰力下滑，然後在關鍵時刻才冷不防地出手，輕鬆推倒戰局，漂亮地撿尾刀搶戰果！

徐樹錚下了一個正確的判斷：「逃吧！輸定了！」

七月十七日之後，直皖戰爭出現劇烈變化。西線戰場，吳佩孚突襲敵軍指揮所成功，接著納降了曲同豐，並透過他進行心戰喊話，放出皖軍西線潰敗的消息，這導致皖軍士氣全潰，面對吳佩孚的進擊非降即逃。

主將段芝貴只能灰頭土臉地逃回北京，吳佩孚這位昔日北洋軍小輩接連拿下「無人能擋」、「主宰戰場」的戰果，就差沒變成「傳奇」了！

東線戰場，直奉聯軍最終擊敗了皖系軍，與西路軍遙相呼應，向北京挺進。

眼見大勢已去，段祺瑞選擇辭職下台，徐樹錚、段芝貴等人被通緝，經過兩年編練的數萬邊防軍大半覆沒，安福俱樂部解散，新國會被消滅，盛極一時的皖系就此沒落。

隨著曹錕進入北京，並衝入馮國璋家的祠堂，向著馮的遺像大喊：「四哥！我為你報仇啦！」此後北洋政府又要換人當家，在民初歷史上寫下新的一頁。

第六章

曹錕時代

曾經輝煌的皖系，就在直奉兩派的合作夾擊下元氣大傷，黯然退下權力寶座。

那新興的直奉二系接下來會如何共處呢？各位應該不難猜出，那就是……權力鬥爭！

戰爭結束後，最大的利益收獲者是曹錕，他自此掌握了北京政權，但實力膨脹最多的，卻是他的手下大將吳佩孚。

由於直皖戰爭，吳佩孚成功地扭轉戰局，許多直系部將紛紛投效他的旗下，而曹錕也表達對他的高度信任，所有大事都徵詢他的意見。當時吳佩孚的大本營在河南洛陽，曹錕的大本營則在直隸保定，因此時人都說：「直系有保、洛兩派，而洛派直追保派！」

從上面這句話就可以看出吳佩孚勢力擴張後，已經引發直系內部的部分人士不悅。與此同時，也有一人將矛頭直指吳佩孚，那就是早已登場數次，如今終於登上主角群的奉系軍閥領袖——張作霖！

張大帥的來歷

張作霖，字雨亭，奉天省（今屬遼寧省）海城縣人。

按張作霖之子，也就是那位影響中國現代史極深的少帥——張學良的口述，張家成員幾乎都是「血性甚重」，所以說起此人，從小就是個搶鏡頭的問題人物。

張作霖。

先說說他的求學事蹟吧！有一次學堂老師要教課時，發現教室後頭多了一支小扎槍。什麼是小扎槍？原來當時地方治安不好，民眾為求自保，通常會找一根白蠟桿子裝上鐵製槍頭，作為防盜用具。

老師就問：「擱那兒的小扎槍是誰的啊？」

這時張作霖回答：「那是我的。」

老師問：「上學帶這東西幹什麼？」

張作霖說：「昨天我看你打某某人的屁股，今天假如你要打我，我就給你捅下去！」

（這根本是流氓學生嘛！）

如此血性，後來真的鬧出問題了！

而這問題要先從張作霖的老爹說起。話說有一次，張作霖的老爹看人聚賭，而開賭的莊家是位土豪，當時他正在「拔秧子」。

那種進賭場但又不懂、容易被騙的有錢哥兒們，叫作「秧子」（意指：像剛長出的稻秧，可以輕鬆拔起）。那位土豪在不斷詐賭下，不但贏光了秧子的錢，還讓秧子欠了一屁股債。

這位土豪大概是看準這位哥們是瞞著家裡來賭錢，不敢把事鬧開，於是就威嚇：

「你如果現在不還清賭債，我就上你家要錢去！」

結果張作霖的老爹說：「你夠了吧！如果我把（出千的）事講開，你根

少帥張學良。

本站不住腳！」

結果等到聚賭結束，土豪跟張老爹一起回村時，土豪說：「你給我道歉！好好地幹嘛『普渡』（意指：搭救被千的賭客）？」

張老爹：「你在搞鬼被我瞧見了，道什麼歉？」

兩人一言不合地大打出手，結果五十多歲的張老爹不敵二十多歲的土豪，在挨了數記老拳後，受了內傷，拖了幾天後，就一命嗚呼了！

張作霖知道後，馬上去找他二哥（張作霖在家排行第三），說：「我要報仇！跟我一起去斃了那個渾蛋！」

於是兩人就拿起土製槍枝往土豪家奔去。

這時老ㄕ要先介紹一下土豪家結構，首先外圍有用石頭堆成矮牆，石牆內的居家則分成「廂房」及「上房」，土豪自己住上房，而廂房則租給一位老太婆。

當張家兄弟翻牆準備要報仇時，誰知那石牆不扎實，「嘩啦」一聲！竟給翻倒了！

老太婆一聽有動靜，立刻衝出來喊：「有人！有人！」

結果張家兩兄弟立刻架住老太婆想要摀住她的嘴，誰知……嘣！槍枝走火，把老太婆打掛了！

這下可好！仇沒報成，土豪還反指張家兩兄弟殺人，張二哥就這麼被抓去判了十年徒刑，而張作霖跑得快，溜出了家鄉。為了能有個安身之地，張作霖索性從軍，成為宋慶的侍衛。

你以為故事就這麼結束了嗎？錯！更霹靂的故事才正要開始！

為啥老ㄕ要強調張作霖是去宋慶的軍隊，因為宋慶的「毅軍」，算是清末較具戰鬥力的部隊。（宋慶的毅軍後來改組為武衛左軍，實力與袁世凱的武衛右軍並列。順帶一提，曹錕也在毅軍待過，後來才轉而投效袁世凱。）

張作霖才剛加入毅軍沒有多久，宋慶就接到命令：「立刻趕赴旅順駐防！」

為何清朝要宋慶移防呢？因為當時是一八九四年，有一場大戰發生……

對！就是甲午戰爭！

這場戰爭的結果大家都很清楚——清朝大敗，宋慶部隊也不免俗地潰敗，於是才當兵不久的張作霖，又失去了安身之地。為了活下去，他在逃難之際，遇上一個懂得醫馬的人，索性又轉行，改當獸醫了！

這一轉行可不得了！因為許多土匪都靠騎馬搶劫（專業名稱叫響馬），舉凡醫治馬匹、搶馬匹轉賣、鑑定馬匹素質都需跟獸醫接觸，張作霖也因此認識一票草莽英雄；又剛好，在義和團事件發生後，東北一時之間陷入無政府狀態，張作霖索性決定第三次轉行，改當保險！

所謂「保險」，可不是指現在的保險業務員，而是在地方動亂的年代，稍有武裝實力的一票人會找一些村莊，告訴村民：「ㄟ？想不被土匪欺負嗎？只要定期交上保護費，我們就保護你們！」

村民們一定心想：「你們不就是土匪嗎？還說不讓我們被土匪欺負？」

不過，保險比土匪好一些。土匪進入村莊，是不留餘地地搜乾抹淨，然後揚長而去。保險雖然定期刮油水，但真的會好好保護村莊，好建立長期合作

年輕時的張作霖。

的共生關係。

當時張作霖那票「保險」聲勢不算大，頂多擁有十多枝土製槍械。然後一個契機，促使張作霖迎接另一次轉行機會。

話說有一次，有個叫海沙子的土匪要打劫張作霖保護的村莊。這人當時擁有二十幾枝槍械，算是頗具實力的土匪了！

張作霖說：「你要搶，我是不同意的，但如果我們兩方人馬尬起來，這村莊就被打亂了！要不這樣，我倆單挑！誰贏了就接收對方所有部隊！」

估計是怕硬尬起來，損失太大，海沙子答應了張作霖的要求，於是雙方擺出西部片對決的場景，信號一下，同時開槍！

砰！張作霖中槍，身體不住搖晃，血液也不斷流出……

砰！海沙子卻是被打中要害，直接倒地死了！

於是張作霖接收了海沙子的部下，並稍微招兵買馬，轉行成為擁有六十把槍械的超級霸土匪！

我說張作霖超級霸，不是亂講，當時遼西這塊地方有所謂「四霸天」，也就是四群特別強大的土匪，張老兄就是所謂的「北霸天」（老ㄕ覺得這封號挺中二的）。然後義和團結束後，要重整地方秩序的清朝政府，決定招安地方武裝勢力，張作霖就順勢轉行，成為清朝的管帶（相當於今日的中校），算是漂白成功，擁有功名了。

看完以上張作霖的早年人生，我想大家應該會有個認識：「這人的命運有夠曲折。」

然後我告訴各位，這曲折人生還沒過完哪！

民國成立後，當山海關內眾多軍閥殺成一團時，張作霖逐漸在東北發展出自己的勢力，最終成為眾人無法忽視的存在。

這時要插幾句閒話，在民國初年那段「大帥滿街走，參謀賤如狗」的軍閥時代，有兩位大軍閥具有綠林（搶匪）背景：一個是張作霖，另一個則是之前不時出現的陸榮廷。這兩位大帥在那時還有「北張南陸」的封號，代表他們以前可是混很大的！

有次兩位大帥見面，聊天聊到一半，一隻飛鳥從空中掠過，也不知陸榮廷是否看那隻鳥不順眼，突然拔槍一開……

砰！鳥兒當場落地身亡！

看到陸大帥來個這麼帥的一手，張作霖心裡可想好好較勁一番。問題是：當時張作霖手上沒槍，而且空中也沒第二隻鳥，如何較勁呢？

突然，張大帥扒開衣服，扯掉褲子，衝著陸榮廷說：「比賽比賽！看誰身上疤痕最多！」

有道是：「褲子都脫了，你就讓我看這個？」

陸大帥也不甘示弱地扒下衣服：「好啊！讓人檢查檢查。」

經過手下仔細地觀賞紀錄後，結果是……張作霖疤痕五十多處，陸榮廷傷痕八十多處！這讓張大帥立刻拱手說：「大哥！服了你！」

老ㄕ說這則故事，是要說張作霖是個直爽漢子，陸榮廷是強盜中的霸主嗎？並、不、是！

「兵者，詭道也。故能而示之不能，用而示之不用，近而示之遠，遠而示之近。利而誘之，亂而取之，實而備之，強而避之，怒而撓之，卑而驕之，佚而勞之，親而離之，攻其不備，出其不意。此兵家之勝，不可先傳也。」

《孫子兵法：始記篇第一》

（白話翻譯）

「戰爭是詭詐多端的。有能力，故意裝作沒能力；要用兵，故意裝作不要用兵。要攻近處，故意做出遠攻的姿態；要攻遠處，故意做出近攻的姿態。或以小利引誘敵人；或在敵人內部製造混亂，再乘亂攻擊。敵人充實無弱點時，全力戒備；敵人實力強大時，暫時退避，故意挑逗敵人使其發怒，故示卑弱使敵人鬆懈；敵人安逸時，設法使其疲於奔命；敵人團結時，設法離間分化。『攻其不備，出其不意』，是用兵致勝的秘訣。」

大家真以為張作霖頭腦簡單、性格直爽？

錯！那是裝出來的！

最具代表性的例子，是民國剛建立時，大總統袁世凱曾召命張作霖進京，當兩人談話時，袁世凱發現，張作霖從頭到尾跟他眼神不對焦。稍微一瞧，原來張作霖不時盯著袁世凱辦公桌上一副鑲有四塊寶石的金錶，於是談話剛結束，袁世凱就把金錶向著張作霖一推：「送給你啦！」

張作霖連表感謝。

袁世凱回家後，跟子女表示：「我看張作霖就是個貪財且沒見過世面的鄉巴佬。」

同一時間，回到住所的張作霖表示：「我演技不錯吧？」

敢情張作霖並不在乎金錶，他是明知袁世凱在試探他，然後甘願做出醜態。

從以上故事，大家覺得這人心機有多重？

然後各位有沒有發現：張作霖就是憑著「裝傻」摧毀了實力強大的北洋皖系。

想當初許多人都認為張作霖在直皖戰爭中會作壁上觀，哪知他老兄卻在皖系東路軍後防空虛時，突然給予迅雷不及掩耳的突襲，一下子顛覆整個戰局，當真是究極的「扮豬吃老虎」！

正因為皖系的倒台，張作霖功不可沒，所以當他看到直系取得中央政權、發展火紅之際，自然就引起不快。

張大帥表示：「沒有我臨陣相助，光憑直系的力量能打贏嗎？曹大帥你應該讓些權力出來與我共享啊！」

保派的意見是：「張大帥要權力？那給他啊！萬事以和為貴。」

但洛派吳佩孚卻認為：「不能對張作霖讓步！我們反倒該鞏固已到手的權力，否則他會得寸進尺。」

還是要說，權力寶座只有一個，在人皆好之的情況下，怎可能不打起來呢？

於是和平相處不過一年多，奉系張作霖就指責直系：「曹錕，你重用吳佩孚，可是這吳佩孚實在太跋扈，都不好好接納各方意見。而且我還查出他每次征戰時，要嘛趁機擴展自己的勢力地盤，要嘛藉機訛詐軍餉兼欺負善良百姓。唉呀！我跟曹大帥說了好幾次，你只要罷免吳佩孚，我就願意和平相處，可你就不聽！那就別怪兄弟我為了國家前途，逼不得已地跟你開戰。其實最大

目的，就是清除吳佩孚這敗類啊！」

（以上對話，是老ㄕ從《北洋軍閥史話》中，查閱到張作霖聲討吳佩孚的公開電報。我把其中內容改為白話而且刪減不少，有興趣的讀者歡迎自行搜尋原文。

但在此說說個人的兩點看法：

一、張作霖雖是用民初夾雜白化及文言的書寫方式發布電報，但還是讓老ㄕ看了著實感到頭疼不適應。

二、舉再多理由，說穿了還不是權力鬥爭，自己想居上位罷了！所以詳細內容也不必太認真，看過就好。）

於是直奉兩派終於兵戎相見，這也就是後世稱呼的第一次直奉戰爭。

吳佩孚大顯威風

這場戰爭中，直軍的總司令是吳佩孚，動員兵力是十萬人；奉軍的總司令是張作霖，動員兵力是十二萬五千人。依人數來看，奉軍占了上風！

而且張作霖還跟各方勢力接洽，比如：陝西陳樹藩、河南的趙倜及趙杰，因畏懼吳佩孚在河南勢力的迅速發展，所以決定支持奉系，準備進攻吳佩孚在河南的洛陽大本營。張作霖接著還與廣東的孫文合作，期待他發動北伐，分散吳佩孚的注意力，好讓他在戰場上有更多機會取得勝利。

寫到這，各位可別驚訝，孫文跟奉系軍閥建立同盟關係?!孫文對這次北伐的支持度之高，甚至發表以下說法：

於前線督戰的直軍總司令——吳佩孚。

「全部的軍隊都傾力北伐！就算導致兩廣空虛，甚至被人抄後路，也不必理會！勝敗在此一舉，而且我們一定成功！」

這讓實際負責廣東軍務，並且追求穩扎穩打還有和平聯省自治的陳炯明，聽到後瞬間想撞牆：「我可不能讓你這樣搞啊！」

所以陳炯明運用實際指揮權，多方阻撓孫文的北伐計畫，引起孫文的極度不滿，最終引發兩人之間的徹底決裂。

別以為孫文反對所有軍閥，他老兄其實很聰明，只會反對最當權的軍閥，並跟其他軍閥合作，好取得更多的政治空間及優勢。所以他不只跟張作霖往來密切，甚至日後當昔日的死敵段祺瑞邀請他共商國是，孫文也是力排眾議，前往北京協商，好爭取更多的政治權益，及達成他心目中的理想。老ㄕ可以這麼說，孫文其實不是死腦筋，在政治上，他老兄是很靈活的。

不過在軍事上，也真的別太相信孫文，他以往贊同的邊區革命沒一次成功，而在第一次直奉戰爭中，大家不妨回想一下：若廣東的革命勢力真的傾力北伐會有什麼下場呢？相信自有分解。

面對多方包圍，吳佩孚鎮定地應對。對於從陝西、河南來的夾擊，他啟用活躍於西北一帶的馮玉祥率軍應對；至於南方來的夾擊，則是攏絡東南一帶的游離軍閥，叫他們拖延南方可能出現的奉系盟軍。

至於他本人，則專心迎戰入關的奉系東北軍，畢竟他很清楚：「主戰場勝利，其他夾擊不攻自破；主戰場敗，那就萬事皆休。」

所以第一次直奉戰爭雖然看似牽連範圍極廣，但真正重要的主戰場則圍繞在直隸省長辛店、固安和馬廠一帶展開。

最先發起攻勢的是奉軍，他們集中炮火向直軍陣地猛轟，吳佩孚則嚴令長辛店方面的直軍堅守陣地，等待對方疲憊時再反擊。如此對抗了一天一夜後，吳佩孚下令改守為攻，奉軍亦集中火力堅守陣地，雙方呈現僵持狀態。

張景惠。

又約莫過了二、三日，奉軍的炮陣似乎逐漸取得上風，此時奉軍的陣前統帥——張景惠決心壓上部隊向直軍陣地進攻。正在危急關頭，吳佩孚評估：「奉軍的炮火已經消耗不少，所以才企圖壓上部隊，企圖對我們製造壓力，但他們移動之際，後方必然有出現空虛的時刻，這正是我們逆轉的良機！傳令大隊抵擋敵軍的正攻，另派精兵數千繞道至奉軍后方，到時前後夾擊，定叫對方潰不成軍！」

於是吳佩孚的別動隊，經過一天的迂迴前進後，突然從奉軍後方殺奔而來，這讓奉軍士氣劇烈動搖：「敵人怎麼突然從我們後面出現？」

「我們被夾擊了！怎麼辦？」

軍隊的指揮官氣急敗壞地說：「快點向敵人發射炮彈，壓制對方進攻啊！」

但是他卻聽見炮隊士兵說：「報告長官，咱們的炮彈快用完了……」

當奉軍後方陷入混亂之際，抵擋奉軍攻勢的吳佩孚也不好受，當時許多士兵眼看奉軍逐步逼近，竟然落荒而逃。

「打不過啦！大家快跑啊！」

懼意逐漸蔓延擴散至全線陣地，越來越多士兵拋下武器直往後奔。

當他們正想逃出生天之際，許多人冷不防地看到一陣刀光向著自己一閃……

唰！落跑的士兵狂噴出鮮血！很多人還沒意識到自己的處境，就無力地倒下……

唰！唰！唰！

嘣！嘣！嘣！

更多刀光在揮舞之際閃現，與此同時，還夾雜著子彈的呼嘯聲，操作它們的，是吳佩孚的親衛隊。

他們忠實執行吳大帥的命令：「臨陣退縮者，殺！」

他們毫不留情地殺戮失去戰意的同袍，每一次揮刀都在透露出一個訊息：「想逃？讓你死更快！」

這一招震懾了直軍大隊人馬，繼續拚死抵抗進攻，就在筋疲力竭之際，一則消息傳來：「我們有援軍加入了！」

這支援軍是從陝西兼程趕赴而來，其實也已疲憊不堪，而且為了收攏部隊，他們所駐紮的良鄉，離主戰場有一小段距離。但士兵們哪會知道這麼多，一聽到有人加入，本已疲軟的身軀，不知從哪又生出一股勁挺下去。

而奉軍則再也承受不住對方的兩面夾擊，尤其後來還看到一個讓他們崩潰的場景：「對方有飛機！」

吳佩孚可不只把心思注意在陸地上，為了一舉擊潰對方，他竟然還叫來了空軍。雖然當時的中國空軍，攻擊力根本弱得可憐，很多時候只是把炸彈往下投，可對腳踏實地的步兵而言，那從天而降的威懾力卻是非同小可！

這場長辛店之戰的勝利，最終讓直軍轉守為攻，向各路大舉進攻的奉軍反攻。主力被擊敗的奉軍相繼潰敗，從當時為張作霖殿後的大帥之子張學良尚且在撤退時負傷，就可以想見當時奉系兵敗如山的慘狀。

經此一役，吳佩孚成為全中國最耀眼的政治明星。當時俄國在爆發十月革命後，成立了蘇維埃社會主義共和國聯盟（簡稱蘇聯），為了推廣共產主義，特地派代表來到中國尋找有力人士的支持。現在教科書會讀到孫文的「聯俄容共」政策，正是在此背景下發生。

可其實蘇聯一開始瞄準的對象不是政治實力薄弱的孫文，而是正值顛峰的吳大帥！但吳佩孚根本不買帳，兩三下就對蘇聯使者端茶送客，這才讓孫文有機會跟蘇聯接觸。

（上）以工人和士兵為主體，成立於一九一七年二月革命之後的「彼得格勒蘇維埃」；（下）由彼得格勒蘇維埃中的成員所組建的武裝部隊「布爾什維克赤衛隊」，是十月革命時最關鍵的軍事力量。

另外，當時美國、英國等各方列強派去洛陽和吳佩孚交涉人員不計其數。甚至美國《時代》雜誌後來還刊登吳大帥的大頭像，讓他成為第一位登上這本雜誌封面的中國人。而與吳佩孚皆認為「中國學術一級棒、傳統文化好棒棒」的康有為，還在他五十大壽時致贈一副壽聯：「牧野鷹揚，百歲功名才半世；洛陽虎踞，八方風雨會中州。」

第一位登上《時代》雜誌封面的中國人——吳佩孚。

簡單地歸納一句：吳佩孚當真是名震中外！不過，大家千萬別忘記，他的聲勢再旺，頂多只是打雜的，上面可還是曹錕這位頂頭上司的存在啊！

第一次直奉戰爭後，直系的聲勢再一次提高，這讓曹錕決心實現他的渴望：

「我、要、當、大、總、統！」

可共患難，不可同富貴

為了當上大總統寶座，曹錕決心弄垮坐在總統寶座的北洋老相國，甚至在直皖戰爭期間頗有合作關係的徐世昌。

當時吳佩孚協助上司達成此目的，就表示：「段祺瑞的安福國會是非法成立，所以他們選出的總統徐世昌亦屬非法，理應下台！我們應該恢復原本的舊國會，然後安排新的總統人選。」

徐世昌一聽這話可就無奈：「跟我講法律？之前段祺瑞搞掉舊國會，我也沒看你們這幫丘八有多反對啊！說穿了，你們不過就是想藉法律之名，然後拉下我徐某人嘛！我已當了這麼多年的不安穩總統，現在我也實在沒有什麼硬實力跟你們叫板。罷了，吾去也！」

一九二二年六月，中華民國第二任大總統徐世昌宣布下野，他是「大總統」一職中，任職最久的一位（將近四年）。這位北洋老相國此後居住在天津租界中，每天過著打坐、練氣功、讀書、種菜的退休生活，一直到一九三九年才因膀胱炎過世，享壽八十五歲。而這位總統的著名政績就是……沒有政績！

根據其姪女婿葉剛侯回憶，徐世昌晚年最喜歡講三件生平得意之事，一是擔任清朝東北總督時立下赫赫政績；二是認為自己是當代的文藝全才；三是年過八十，還健壯得像一尾活龍（他甚至寫下「八十老翁頑似鐵，三更風雨採菱歸」以此自豪）。

慢著！菊人老兄你畢竟當過一國元首，甚至在任期內還正好趕上第一次世界大戰結束。中國成為戰勝國的名譽，在你眼中竟比不上做大清王朝的一位疆臣？

或許徐世昌自己很清楚，他在中華民國的時代，無非就是一個超級和稀泥高手。

袁世凱死後，法律問題未明，大家一片混亂之際，是他一句「依法行事」，暫緩糾紛。

段祺瑞在護法戰爭後權勢高漲，以至於誰都不想接替總統這空有頭銜卻無實際好處的燙手山芋之際，是他被認為有調和各方的本事，因此當上總統。所以他在總統任內，就是做一件事……還是和稀泥。其實徐世昌並不是混水摸魚之人，他曾試著努力爭取總統權力好做些事，但他發現拚不過有槍桿子的軍人；他曾提倡南北議和，終結護法戰爭以來的內戰場面，但是沒人真正聽他的。他曾在外交上試圖和英美兩國靠攏爭取國際地位，但最終人家壓根沒認真看待。

老ㄕ悲哀地評價：此人想做絲毫的努力，都被紛亂的現實迅速瓦解，最終只能和稀泥，成為一個難有作為流傳後世的國家元首。

但在當時的種種限制下，徐世昌的無所作為，或許也是必然的無奈呀！

徐世昌的下台讓曹錕滿以為：「接下來就換我上位了！」誰知吳佩孚竟然說：「既然恢復舊國會，我們應該重新推出總統人選，而最適合，也就是最符合舊國會時代法律規定的總統人選是……黎元洪！」

前面說過，徐世昌是擔任大總統時日最多的人，那黎元洪可就是擔任大總統次數最多的人。他第一次當上總統是因為袁世凱過世，以副總統身分依法繼任；而現在第二次擔任，則是因為段祺瑞解散舊國會前的總統，只有他還活著。（在舊國會的法律程序下產生的總統尚有：第一任大總統袁世凱、張勳復辟後的代理大總統馮國璋，可這兩人早就魂歸西天了！）於是黎胖子就以空降姿態，回歸總統寶座！

曹錕氣炸了！他想：「怎麼找了這貨色當總統？那我還怎麼當啊！」

於是曹三哥開始對人說：「吳子玉（就是吳佩孚）眼裡已經沒有我了，咱們還幹什麼？一切讓他去幹吧！」

（聽到這話，老ㄕ就想到當初袁世凱跟唐紹儀也說過類似的話。唉！曹、吳二人是生死至交，袁、唐二人共事最久，但在權力面前，這些情分當真一毛不值。）

當吳佩孚聽到曹錕怒到不吃飯、不見客，對他是逢人就罵，趕緊向他表示：

「沒通知您讓黎黃陂當上總統，是我不對。但那是我對您愛之極深，故須為你籌畫的深思遠慮，先讓黎黃陂當一段時間總統，等他任期一結束，我們馬上進行選舉，到時總統交椅，捨三爺其誰啊？」

之前老ㄕ曾說：「曹錕很像漢高祖劉邦。」但注意！我說他很像劉邦，就代表……他畢竟不是劉邦！

劉邦這位大漢王朝的開國皇帝，在很多個人能力上其實評價並不高。

就拿打天下的軍事能力吧！戰術指揮上，韓信就評價劉邦：「最多帶領十萬兵。」

然後劉邦與項羽對戰幾乎每戰必敗，甚至在彭城之戰，締造六十萬打輸三萬的難堪紀錄。戰略架構上暗度陳倉，是張良提出；破壞項羽與智囊范增關係的離間計，也是張良提出；堅守中原並派大將自率一軍開闢北方戰線好扭轉戰局，還是張良提出來的。當然，劉邦能採納正確意見有他的本事，可也證明，劉邦自己缺乏戰略的原創規劃能力。

但此人最終能一統天下，老ㄕ認為，那是因為劉邦具有一個特質：「面對巨大誘惑的忍耐力」！

想當初，劉邦率領軍隊攻下秦都咸陽，看到秦朝宮殿中大批的珍寶、美女，於是樂壞的劉老兄當場宣布：「今晚我就住這不走了！我要盡情享受一番！」

可是部下提醒他：「你還沒真正掌握秦地的秩序ㄟ！」

劉邦立即停止享受，開始積極地幹正經事。

其實劉邦是軍隊領袖，他大可以說：「老子就是要這樣幹，你能怎麼樣！」

但在明明擁有任意行事的強大權力下，他卻願意放下自己的慾望、想法、面子，去修正策略，試想這是何等強大的忍耐力？

另外在大將韓信攻掠下北方後擁兵自重，不肯支援劉邦夾擊項羽。劉邦明明氣炸了，但表面上卻很大器地說：「一定是我對韓信不好，這樣吧！韓信不是想當假齊王嗎（假在古代是代理的意思）？大丈夫要當就當真王！我現在就任命他為齊王！」

無論是順境或逆境，劉邦都能克制原始的慾望，並用強大的忍耐力做出最正確的決定，才不至於在略有小成功後，就摔個狗吃屎，而能持續向頂峰攀爬，登上成功寶座。

曹錕就沒這種忍耐力，當他掌握北京時，吳佩孚就一直力勸他別那麼快當總統。

當時吳佩孚說：「今雖三分天下有其二，然兩廣（孫文）莫測、東三省（張作霖）尚在負隅。時機未至，不可強求，待國家統一，總統一席不求自至；若勉強為之，誠恐資攻訐者之口，結局無法善後。」

這話說得多透徹！退回東北的奉系張作霖，仍具有可觀的武力；南方的孫文，雖然沒有穩固的槍桿子，卻能挑動輿論，削弱曹錕在民間的威望；更別提還有山西閻錫山、皖系段琪瑞、西北馮玉祥，這些遊離勢力就等著北京中央政府發生變局，從中撈取好處擴大勢力。如果還未穩妥各方勢力就搶著登上大總統寶座，這些本有矛盾摩擦的勢力，反而會眼紅曹錕的成果，結果將互相聯合一氣，把曹錕打爆！

甚至吳佩孚還挑明地說：「你現在當總統，那就是從婆婆地位（欺負人）變成兒媳婦（被人欺負）啦！」

無奈曹錕這麼回答：「唉，我看我也大概就活到六十歲吧！」（這句話隱含意思：我曹錕沒多少年好活了，就是臨死前讓我過過癮都不行嗎？）（話說……又是六十歲！之前袁世凱想當皇帝也是忌諱六十大限，曹錕當真有樣學樣。）

吳佩孚閉嘴了！他知道曹錕是失心瘋地想當總統，沒有任何人能勸阻他了。

於是曹大帥急切地邁向他的總統之路。

賄選風雲

我們還是先把焦點放在黎元洪身上，這位走運到不行的大總統回歸後，立刻提出一個主張——「廢督裁兵」。簡單來說，黎大總統當初就是被軍閥趕跑的，而民國初年又因各地督軍擁兵自重，造成國家一片混亂，所以他老兄一收到復出的邀請，立刻要求各地督軍解去兵權。

按國家發展來看，黎元洪的主張並沒有錯，可是老ㄕ實在想對他說：「你為何會如此天真？」要求軍閥裁軍，那是多麼困難的事情？因為軍閥之所以能掌權，靠的不就是手上的槍桿子，現在你要軍閥自廢武功，並任人宰割……請問可能嗎？

我們把歷史場景推進到一九三〇年，那年中國發生了一件大事——中原大戰。所謂中原大戰，是指北伐成功的蔣介石有鑑於軍閥割據造成國家的混亂，所以邀請當時合作的軍閥：西北軍的馮玉祥、晉系的閻錫山、桂系的李宗仁，一起召開「國軍編遣委員會」。這個會議是要將各軍事勢力中過多且老弱殘軀

（上）中原大戰時，集結於六合火車站（柳河車站）的蔣介石軍隊；（下）馮玉祥（左）、蔣介石（中）、閻錫山（右）三人在戰爭爆發前，於國軍編遣會議時的合影。

的部隊裁撤，先撇下大部分的利益糾葛不談：按照編遣計畫，蔣介石的部隊也有一部分會裁撤，結果當時各派軍閥一聽要裁軍，馬上表示：「這是蔣介石企圖削弱我們軍權，然後併吞我們！我們絕不能坐以待斃！」

於是馮玉祥、閻錫山、李宗仁三人結成聯盟，合力對戰蔣介石。

由於這場戰爭的主戰場在河南一帶（這自古就被稱為中原地區），因此被稱為中原大戰。

中原大戰的結果是：蔣介石和另外三派軍閥拚個兩敗俱傷！甚至蔣介石差一點就要被擊敗。關鍵時刻，張學良的東北軍宣布支持蔣介石，這才讓蔣介石領導的國民政府獲得最終勝利。

試想北伐後的蔣介石掌握了多少軍事資源，他搞裁軍，尚且弄到走投無路的窘境。

黎大總統回歸時，無兵、無財、無黨，更無力！到底憑什麼提出裁兵主張啊！

所以可想而知，黎元洪的「廢督裁兵」主張在遇到眾多杯葛後，很快地宣布失敗。不僅如此，他很快又陷入到曹錕及吳佩孚的政見之爭。

前面說過，直系分成曹錕為首的保定派、吳佩孚為首的洛陽派。保定派主張盡快拉下黎元洪讓曹錕當總統；吳佩孚則主張讓黎元洪做好做滿總統任期後，才讓曹錕繼任總統，甚至還有更激進的洛陽派表示：「黎元洪過後應該讓吳佩孚當總統！」

這下可好玩了！黎元洪動不動就面對被人要求下台、要求做好做滿、要求慎選接班人的指責，而這些指責全都有一個共同點：「反正沒把你黎元洪放在眼裡！」

對此窘境，黎元洪只能仰天長嘆：「他們把我抬出來，原來是叫我活受罪的！」

黎黃陂，你以為這樣就完了嗎？還有更嗆辣的等著你哩！

有鑑於北京政壇實在很難待，後來黎元洪宣布：「我打算把政府遷往天津。」

（老ㄕ猜測，這個舉動可能是想稍微削弱直系對他的壓力，也可能是黎

元洪知道總統職位做不了多久，想先去天津避難。畢竟天津擁有大面積的租界，而洋人的租界，由於有治外法權，成為落難政客的政治庇護所。當時很多政客在北京被拉下台，如果時間寬裕，就會搭火車轉往天津租界；至於情況窘迫的，則遁逃至列強使館區林立的北京東郊民巷避難。）

結果當黎元洪乘火車前往天津時，才到旅途中間的楊村車站，就被人給攔下來。

來人表示：「你走可以，把大總統印信給我留下。」

黎元洪不滿地說：「我沒有攜帶大總統印，而且也不可能交給你！」

來人表示：「既然如此，委屈總統在車上仔細想想。」隨即包圍火車，不許任何人進出。

想到自己好歹是國家元首，竟然被人羞辱到這種地步，黎元洪突然拔起手槍對準腦門！

「大總統別想不開啊！」

幸好盡職的隨扈們眼明手快，立刻施展各式擒抱術、關節技，這才阻止黎大總統開槍自殺。

但是歷經這場自殺風波，黎元洪徹底沒勁了！他很快地就宣布辭職，這距離他的復職，不過一年又兩天。雖然黎元洪兩任總統任職期間都當得窩囊，但他既有過權力頂峰的經驗，下台後又經營事業成功（別忘了他有將近四十億的身價），在他於一九二八年過世後，被以國葬規格對待，各界人士紛紛前往致意，可謂極盡哀榮。甚至他還在歷史課本上留名，而且相較許多勞心勞力的革命黨人，他的名聲遠高於黃興（已經從課本中消失）、也勝過汪精衛（唯一在教科書出場的機會是漢奸），還跟宋教仁平分秋色（只被教科書提及一次的打醬油角色）。

所以，老ㄕ最後想說：「黎元洪，你是一個幸運的人！」

* * *

一九二三年六月十四日，臨時客串的總統黎元洪被逼下台後，曹錕開始進行總統選舉。

當時大總統的誕生需透過國會議員選舉，結果為了表達對曹錕的反對，許多國會議員紛紛離開北京，使國會湊不齊開會的法定人數，讓曹錕無法順利當選總統。

事實上，這招也的確成功了！當年九月十二日召開的第一次選舉會議，就因議員出席人數不足，而宣告流產散會。這讓曹錕相當不爽，於是他找了手下的政客吳景濂，對他說：「給我想辦法！」

吳景濂回答：「這個……如果要順利當選，可能曹大帥要付出一點代價。」

曹錕豪邁地說：「什麼代價？不就是錢嘛！你跟那些議員說，只要他們肯投我曹錕一票，便可得五千元支票！」

吳景濂。

曹大帥真是不同凡響的闊氣！一九一〇到一九二〇代，在上海一塊錢大約可買三十斤米（折合新台幣大約七百五十元）。也就是說，一張選票大約價值三百七十多萬新台幣！

而法定人數需湊至五百九十人，這五百九十人要是全跟曹錕討支票，估計曹錕要準備近二十二億新台幣才夠收買，可見這大總統寶座，他是勢在必得了！

到了十月五日，總統選舉會正式舉行，可負責選舉事務的吳景濂卻沒想到，直到中午，簽到出席的議員也不過四百人！

「我×！這下會議又要人數不足而散會了！」

焦急的吳景濂把事情告訴更焦急的曹錕，曹大帥真沒想到……買票也是件困難事啊！

他長吁短嘆地來回踱步，終於咬牙決定：「只要議員出席會議，即使不投曹錕的票，也發給五千元支票！」

眼看曹大帥這麼具有當總統的企圖心，吳景濂趕忙調來幾十輛汽車，並號召支持曹錕的議員，「你們現在上車！分別去勸或去拉同鄉同黨的議員，每人至少要拉一個議員回來！」

接著又說：「曹錕沒當選，支票就不能兌現。你們……可得要想清楚啊！」

那些議員一聽到這話，趕忙去拖人，甚至連好幾個正生病的議員也被拉來。

他們可能會說：「老兄！跟我走一趟！包準你可以領到足夠的醫藥費！大不了等我兌現五千元支票，到時加碼請你住高級病房養病！」

不過也有少數人雖然搭車，卻不是去拖人來選舉，反而是往北京六國飯店去了。

原來當時有反對曹錕賄選的勢力在六國飯店設點和曹錕叫板。他們說：「只要議員不投票，每人發八千元！」

（老ㄕ曰：「原來還有這種買票方式？你們這些當官的果然不同凡響，讓人大開眼界啊！」）

於是，有些議員收了八千元表達反曹錕的立場，還有些議員既收曹錕五千元支票，又去六國飯店領了八千元支票。好不容易，挨到下午一時二十分，總算湊齊了法定開會人數。中華民國第三屆大總統選舉這才開始搖鈴投票，最終，曹錕獲得四百八十票，以百分之八十一點三六的得票率當選大總統！

（順帶一提，當時其餘的得票人有：

另組南方政府的孫文三十三票，

雲南軍閥唐繼堯二十票，

前清官員岑春煊八票，

昔日北洋之虎段祺瑞七票，

曹大帥的第一大將吳佩孚也有五票。

然後「廢票」有十二張，其中兩張頗為搞笑，上面寫著：「山東馬賊——孫美瑤」以及「五千元」，真是頗具黑色幽默。）

這次選舉最好玩的地方，就是各方勢力在大原則下其實都挺守法律的。像是：總統經由國會選舉誕生、選舉要達法定人數、選舉過程公開但不記名投票，好像挺有那麼一點民主國家的風範。但搞笑的是，這次選舉卻也公然地破壞法紀！

每個去投票的議員都有收賄（因為曹錕後來只要議員肯投票，就塞給他五千元），而且收賄還收得人盡皆知；價碼分明，而且沒去投票的議員也在收賄（六國飯店那一掛的），每個人都在「收錢辦事」。

以上鬧劇雖然可悲，但也代表法律在民初有越來越重要的地位。

袁世凱死後的總統須「依法繼承」，段祺瑞搞出安福國會是為了獲得法

理上的支持；徐世昌無論是當上總統或被迫下台，都引起法律論戰。

黎元洪能復位是牽扯到法律程序，南方的孫文則大喊護法運動。可以這麼說：「民初雖然混亂，卻也朝著法治國家的道路邁進！」

為何眾多政治人士卻又玩弄法律？那是因為民初就是新舊時代衝突的過渡期，舊有傳統價值及秩序在崩解，新的概念則尚未完全養成。這當中的漏洞因此造成混亂，就好像之前提到「共和VS.帝制」之所以在中國、甚至是法國都糾結許久，就是新舊時代衝突下的必要之痛。

每個時代皆有其難處，歷史學不斷強調，勿以現在眼光評價過往。當然，老ㄕ身為一個現代人，仍然對一些過往的種種難以認同及釋懷；可無論如何，現在畢竟是由過去演變而來，或許對於曾經的動亂，我們只有無奈地表示尊重。

做出賄選這般吃相難看、失民意的行為，反曹錕的眾人自然不會放過！孫文就大肆宣揚曹錕賄選之低劣，並炮轟支持賄選的議員皆為豬仔議員。而吳佩孚對曹錕如此性急的舉動也很不滿，雖然他最多只是悶不吭聲，以沉默表示抗議。但這可惹毛了曹錕身旁的保定派：「呦喝！你小子打了幾場勝仗，就要曹大帥事事聽你的？算老幾啊！」於是直系內部本有的保洛之爭更加激烈化，就差沒有公開決裂了。

就在這時，有一個人準備報仇了！張作霖來也！

奉系的逆襲

自第一次直奉戰爭慘敗後，張作霖就積極練兵，決心日後再戰。在人事上，他撤掉已經暮氣沉沉的老幹部，換上新銳的菁英（少帥張學良就是在此時逐漸崛起）。

在政略上，他積極地跟反直勢力的孫文，還有江浙一帶的軍閥聯繫，準備重演夾擊的態勢。但老ㄕ認為，張作霖最要了不起的改革，是戰爭兵器上的升級！

根據張學良的回憶，改革後的東北軍最令人聞風喪膽的，是制式統一的炮兵部隊。

話說民初內戰不斷，各地軍閥自然需要大量武器支持戰爭，但現代化戰

（上）漢陽兵工廠；（下）北洋機器局。

爭最重要的，就是後勤工廠的生產能力。足夠強大的工業，才能大量製作精良的武器裝備。

中國當時本土工業能力不足，所以兵工廠的品質也就參差不齊，比較大的兵工廠有：漢陽兵工廠、上海江南製造局、北洋機器局……等等。這些兵工廠由於建立時間較久，製作出來的武器品質頗有保障，但是生產數量卻不高。以漢陽兵工廠為例，它一年可生產約二萬多把八八式漢陽造步槍；而美國的春田兵工廠，一年就可生產約十萬多把的Ｍ１步槍！

正因為單一兵工廠無法滿足武器供應量，軍閥們只好要求中小型工廠也加入生產行列。問題是，有些工廠為了方便，根本不按原本的武器規格製造槍枝或炮彈，而是以現有器材生產出一批土製軍械。乍看之下好像跟大廠相同，但有時戰爭中的士兵卻會發生以下情景。

士兵：「啊！我沒子彈了！」

一旁軍需官連忙說：「這有子彈，趕緊給你補上！」

結果士兵要裝彈上膛時，卻發現……「喂？這子彈裝不進去啊？」

軍需官：「怎會？這可是剛從北洋機器局批過來的子彈ㄟ！」

於是軍需官把步槍拿來檢查之後，先是眉頭一鎖，接著發現事情並不單純。

「你這槍好像是哪個不知名小廠A製造的，而他們把槍枝口徑改小了，所以原版的子彈反而裝不上去。」

士兵：「我×！那現在怎麼辦？」

軍需官：「那我給你找找不知名小廠A生產的子彈，因為只有他們家生產的子彈才能裝上去。我瞧瞧，我這有不知名小廠B、德國原廠進口、剛倒閉的不知名小廠C……唉呀！沒有小廠A的子彈ㄟ！那我先回後方幫你找找，你先頂著，我盡快趕回來！」

於是士兵看到滿地子彈卻不能用，然後對方正朝著自己猛射，只能仰天大吼：「坑、爹、啊！」

很搞笑嗎？還有更搞笑的！有時即便中小廠加入生產行列，軍火生產量卻仍是不足，於是就有些跑單幫的軍火個體戶出現。他們以不入流的設備、三流的研究能力、二流的製造手法、一流的坑錢精神，竟也cosplay出一些武器，而且還真的可以開火使用！

不過……這種個體戶武器使用風險極大，好一些的或許能開個幾十發子彈才報廢，爛一些的……開完第一發後，再開第二發立刻膛炸，一命嗚呼！

以上描述的，還是手槍、步槍這些製造技術較初階的輕武器狀況，那火炮、炮彈之類的高技術武器狀況只可能更差！不過東北軍卻沒有這個問題：因為東北的重工業建設頗為發達（有部分原因是日本及俄國在此投資），張作霖也因此趁機要求這些工廠生產的炮彈及火炮要統一規格。所以在戰場上，東北軍只要炮彈一拿，往炮管裡一塞：「砰」的一聲！炮彈鐵定往敵人那奔去開花，而不會發生膛炸或規格不合、無法射擊的窘境。

按張學良的說法，東北軍每到一戰場，就是幾千發的炮彈不間斷地朝敵人發射，往往把敵軍嚇到膽怯撤退。

實力已經今非昔比的張作霖，所欠的就是開戰的良機，眼看直系內部鬧分裂，又有輿論上的討伐，於是他在一九二四年，藉口支援江浙軍閥而大舉衝入山海關作戰，這就是歷史上的「第二次直奉戰爭」。

面對實力強大的東北軍，直系軍隊在野戰上連吃敗仗，眼看情況不妙，曹錕只能再請出吳佩孚：「辛苦你攝行陸海大元帥的職責，一切便宜行事，趕快作戰吧。」

而吳佩孚也還真力挺曹錕，決定親赴前線督戰。他打算動員所有部隊依靠萬里長城作為防線，和東北軍打一場持久的陣地戰。

當時吳佩孚能調遣的部隊是二十萬，人數略高於張作霖的十五萬。可令吳佩孚頭痛的是，這二十萬兵馬並非全遵從他的命令。

戰神的短處

曹錕曾對吳佩孚下了一個評價：「能將兵，不能將將。」意思是說，論

獨自領軍作戰的本事，吳佩孚是很猛的；但若要協調眾人打一場大會戰，他的短處就出現了。因為吳佩孚總認為：「我的決定才是對的！」

好吧！吳佩孚的確在不少事情上有正確的見地，但這種唯我獨尊的態度，讓一起合作的各方將領感到不快。甚至到了論功行賞時，吳佩孚也認為：「我出了最大的力氣，甚至是全部的努力，你們這幫沒費勁的傢伙憑什麼有功勞？閃一邊去吧！」

既不被尊重，事後又無法分一杯羹、撈到好處，使得吳佩孚很難駕馭滿腹怨氣的眾人協同作戰。

在第二次直奉戰爭中，此種內部衝突的狀況特別明顯，尤其在是否啟用馮玉祥的西北軍一事上，吳佩孚就顯得特別掙扎。

這時不得不提馮玉祥，這位影響民初政局頗深的軍事強人。如同北洋軍眾多將領，他也是年少時入伍，從此在軍事體系打滾攀升，不過此人能高升並非是作戰表現突出，或是說他作戰表現突出的方式很特別，因為……他很喜歡造反！

每次馮老兄只要覺得受了委屈難以晉升，就會聯合其他勢力造反。比

喜歡造反的馮玉祥。

如：清末他投靠革命黨的灤州起義反清，民初他參與了護國軍反對上司袁世凱，然後在他投靠直系後，曾在第一直奉戰爭率領部隊走潼關出西北、進攻河南，並擊敗當地的反抗勢力，保住吳佩孚的洛陽大本營，使吳大帥得以全心投入主戰場的謀劃。後來在長辛店之戰大敗奉軍，這讓馮玉祥自覺戰功彪炳，但吳佩孚卻說：「你做戰期間妄殺降將，罷免你河南督軍的職位以示懲戒！」

馮玉祥氣到爆表！甚至衝到北京和曹錕理論，所以吳、馮兩人可算是頗有恩怨。

吳、馮二人的衝突，甚至讓與吳佩孚惺惺相惜的康有為都這麼說：「馮玉祥做事不近人情，不近人情者大多是奸佞，你就算不把他弄死，也要把他的部隊繳械啊！」

其實吳佩孚何嘗不知道馮玉祥是根難搞的骨刺？問題是：現在奉系大軍壓境，若不拚上所有軍事實力根本無法抗衡，而馮玉祥的部隊是寶貴的戰力，先別提不拉他上戰場的軍力損失，就算只是搞掉他個人也是行不通的！因為這會讓多少非吳佩孚嫡系的軍隊勢力寒心？到時凝聚力一散，同樣無法抗衡奉系大軍啊！

掙扎良久，吳佩孚最終決定：「本人親赴山海關前線督師，各部隊按計畫，分批分路線地支援戰場。」

一九二四年，當時長城山海關一帶聚集了直奉兩軍的主力，誰能贏得勝利，誰就能掌握北京獲得政權！眼見一場大會戰就要開打之際，吳佩孚卻收到令他崩潰的消息：「急報！馮玉祥突然帶兵占領北京！他軟禁了曹大總統，並宣布與張作霖合作了！」

不出眾人所料，馮玉祥想找吳佩孚算帳很久了，所以一開始他假裝遵守吳佩孚的部署，開往前線支援。實際上，他卻在十月二十三日率領部隊返回北京，包圍了總統府，迫使被直系控制的北京政府下令停戰並解除吳佩孚的職務、監禁大總統曹錕，宣布成立「國民軍」（順帶一提，馮玉祥還授意攝政內閣通過了《修正清室優待條件》，廢除帝號，並要求清室遷出紫禁城，使末代皇帝溥儀自此離開從小成長的皇宮）。

我想吳佩孚收到消息時的心情，除了驚懼，更多的是無奈。畢竟他早知馮玉祥是鑵毒飲，但為解決飢渴交迫的軍事困境，卻是不得不飲。只是他沒料到馮玉祥背後捅刀子的速度會來得這麼快！

吳佩孚只能趕忙從前線撤回部分兵力，打算奪回北京，可他才剛離開前線，張作霖就把握直系軍軍力薄弱的空檔，瞬間衝破了長城防線，將直系軍切成數段。

接著張作霖更是率領精銳部隊趕上了吳佩孚，最終和馮玉祥聯手夾擊殲滅了直系軍的主力，吳佩孚只能倉皇從海上逃亡，最終，回到了直系的老地盤——長江流域。

自此，第二次直奉戰爭結束，奉系張作霖取代直系曹錕掌握政權。此時，距離曹錕當上總統，不過一年的時間而已……

（寫到這，老ㄕ想對曹錕說：「你真的不是劉邦！劉邦懂得克制自己的慾望，所以能當七年皇帝，又為西漢打下統治二百多年的基礎。你不懂得克制慾望，哪怕敵人未滅、公然賄選、冒天下輿論攻訐，還是急著想當總統。結果咧？這天下得到得快，失去得也快。你本有機會在時代留下更多痕跡和影響，但在歷史舞台上，終究只是稍有鏡頭的過場小人物罷了！）

曹錕的結局

曹錕雖被趕下台，可他下場其實挺不賴的。因為他後來去天津當了寓公。（寓公就是房東，能當上房東通常代表這人起碼是有一定資產的。若是在租界當房東，那就更開心了！因為租界是洋人生活的地方，通常建設好、生活環境優，最適合養老不過了！）而他每天的生活也極其悠閒。

曹三爺每早晨起來，會先到院中練武術，然後回到屋裡練氣功，之後就是吃早飯，並在飯後練字和畫畫。

由於閒著沒事幹，

他每次一練就是好幾個小時，

久而久之，也練出一定的功力。

（老ㄕ上網搜尋曹錕的書法，發現曹大帥的墨寶竟有人拿去拍賣，其中一幅還賣出了二萬五千元人民幣！）

如此逍遙度日的曹錕，到了一九三一年，因天下大勢而受到攪擾。那年日本發動「九一八事變」，占領了東北、華北的大片土地，為製造有利輿論，日本軍方企圖與當時社會上有聲望的人士結合，要他們發表支持日本的輿論，甚至是擔任官職，好招攬人心。曹錕也在重點邀請名單的行列，當時日本關東軍特務首領土肥原賢二派人當說客，想讓他出山當政治傀儡。

土肥原賢二。

據說曹錕本來怕得罪日本人，想說多少接見使者，應付一下，然後一個讓他改變態度的人物出現了！就是……曹錕的四夫人——劉鳳瑋！

劉鳳瑋成為曹夫人前，本是轟動京津的老生演員，在曹錕晚年，幾乎是由她一手打理家庭事務。而她對日本人觀感極差，當日本使者來勸說曹錕時，劉夫人卻告訴門房：「給我把門鎖上！不准那票日

本人進來！」

隨後又故意在屋內衝著門外高聲叫罵，讓日本人吃了閉門羹。隨後劉夫人就對著曹錕說：「你瞧瞧！日本人占了我多少土地？欺壓我多少百姓？咱們啊！就是每天喝粥，也不要出去給日本人辦事！」

曹錕聽了之後，連忙點頭說：「說得對！」

然後劉夫人突然伸出手，對曹錕說：「拿來！」

「啊？拿什麼來？」

「我叫你把大門鑰匙拿來！我怕門房不爭氣，哪天突然開門，放日本人進來攪和，所以大門鑰匙由我保管！從今以後，晚上九點一到就鎖門！不許外人登門拜訪，也不許曹家人隨意外出！」

曹錕小心翼翼地交出鑰匙，還慎重地說：「都聽你的！」

眼見日本說客不管用，土肥原賢二決定派曹錕的老部下齊燮元、高凌蔚出馬。

結果，齊燮元在夜間來訪時吃了閉門羹。高凌蔚更慘，他趁著大白天，曹家門禁解除時進行遊說，結果才剛看到正躺在炕上抽大煙的曹錕，連話都沒說出口，曹錕就把煙槍往地上一摔，大聲吼道：「你給我滾出去！當了漢奸還敢登我曹家的門！」

至此日本人知道，這位曹大帥是不可能為他們站台造勢了！也因為始終拒絕與日本人合作，當曹錕在一九三八年過世後，重慶國民政府還發布訓令，先是追授曹錕為陸軍一級上將，並讚揚他：「正氣凜然，始終峻拒……忠誠純篤，志節昭然，尤見軍人之風範……允宜明令褒揚，式資當世楷模。」

是的！這位在現今教科書被貶低到不行的曹大帥，當年竟是軍界楷模！

老ㄕ看到此處，就差沒口吐鮮血，曹錕相比許多遇強即屈、急著投靠日本人的

（上）齊燮元。
（下）高淩蔚。

政要，的確有他的骨氣。

可若是拿同時期，在抗戰中與日本人力戰至死才被追贈二級上將的張自忠相比，曹錕這一級上將真是來得太輕鬆了！

事實上，在閱覽軍閥資料時，老ㄕ發現大部分人死亡時的評價其實不算太差。

段祺瑞死亡時，被褒獎「持躬廉介，謀國公忠」，大大讚揚他三造共和的事蹟，並以國葬之禮下葬。吳佩孚死亡時，蔣介石特撥國葬費二十萬元，在重慶為他舉行追悼會，並且不僅在公開場合致贈輓聯，還以私人名義向吳佩孚家屬發信稱其：「精忠許國，大義炳耀，海宇崇欽，流芳萬古。」

看到這，大家不知有何感想呢？老ㄕ在第一次接觸到這些資料時，丈二金剛摸不著頭緒……因為這些評價跟教科書的貶低說法也差異太大了吧？而且更進一步地想，這些軍閥跟孫文乃至其後的中國國民黨勢力其實充滿許多衝突；段祺瑞與孫文之間有護法之爭，吳佩孚則跟蔣介石爆發過連場大戰，差一點沒把剛北伐的蔣介石打掛；但這些昔日仇敵，怎會被風光大葬？在如今又是臭名纏身呢？

想來想去，老ㄕ悟出一個道理：「時間會改變許多事。」

歷史學界有句名言：「所有歷史都是當代史。」亦即隨著時間不同，人會摻進當下的處境或思慮去解釋過往。

所以在軍閥剛去世之際，是什麼因素使得當時的人對他們大加讚揚？又是什麼原因，後代的人卻對他們充滿貶意？

這些答案就要由有興趣的讀者自行搜尋出答案了。老ㄕ只能在此提醒，讀歷史，尤其是評價人的時候，如果只是單純地說：「這是好人、那是壞人……」對歷史的認識是不足的，因為從上述軍閥的例子，道德評價並非絕對，而是隨著不同時代的人的利益角度而改變。

評價人物，是人的天性，而人又是如此複雜，所謂背景資料其實是蒐集不完，甚至是分析不透的。對於這樣的處境，老ㄕ的做法是：掌握資料後，盡量讓自己設身處地思考，並捫心自問：「如果是我又會有什麼反應呢？」然後相較歷史人物的反應，得出屬於自己的體悟。

若以此標準看待曹錕的為人及結局，老ㄕ想說：「曹大帥能在亂世中安度餘生，當真是不可多得的小確幸呀。」

第七章

一個時代的尾聲，另一個時代的開始

曹錕倒台後，張作霖掌握了中央政府實權，成為當時最強大的軍閥。全盛時期，甚至掌握了九省三市的地盤。

可是從第二次直奉戰爭中脫逃的吳佩孚仍率領著直系的殘軍，退居河南、兩湖，隨時伺機反攻北京。

與此同時，曾做過吳佩孚部下，在直系中本屬晚輩的孫傳芳，趁著東南地區秩序混亂之際，靠著縱橫捭闔的手段，數度聯合其他勢力擊敗主要對手，最後在江蘇站穩了腳步。其勢力影響範圍竟可至浙江、福建、江蘇、安徽、江西等地，有那麼一段時間，他自稱是「五省聯軍總司令」。

一時之間，三足鼎立，民初中國進入另一波的新局面。

在奉系張作霖一九二四到一九二八年所掌權的中國，社會持續動盪。先前提到張、吳、孫是教科書提到的三大軍閥，可是……難道軍閥只有這三人？

閻錫山在山西苦心經營，

馮玉祥茁壯於西北地區，

龍雲正在雲南深耕勢力。

以上還是能管到一省的軍閥。當時全國各地只要有人有槍，任何人都能佔據一鄉一鎮收過路費，還沒包括成天鑽山溝的土匪、捻子、馬賊、好漢爺……

就拿天府之國四川舉例，有套書叫《民國四川軍閥實錄》，我稍微數出目錄及部分內容中出現的勢力統帥，竟高達三十多名以上！如果這樣各位還不能了解四川省有多亂，有沒有看過一部電影叫《讓子彈飛》？電影中一個富翁有著幾十位配備槍枝的家丁，就能稱為地方一霸。這群土匪因為有槍，就能縱橫好幾個地區搶買路錢。此部電影改編自小說《夜譚十記》，作者是親身經歷戰亂之苦的四川作家馬識途。

有道是：「現實比小說更加離奇。」馬識途先生能寫出精采的作品，看來並非只是想像力豐富，所以老ㄕ告訴看過電影的各位：「讓子彈飛有多亂，北洋時期的四川只會更亂！」

正因局勢混亂，加上有曹錕的前車之鑑，張作霖掌權後做了一個非常明智的決定：絕、對、不、當、大、總、統！

「大總統」一詞曾經是新生共和的代表，亦是權力及進步的象徵。可弔

（左上）杜錫珪；（右上）胡惟德；（左下）顧維鈞；（右下）顏惠慶。

詭的是，當上大總統的人幾乎沒好日子過。

臨時大總統＋非常大總統的孫文，在政壇上一直不得志；第一任的正式大總統袁世凱，最後走上帝制的道路，搞到眾叛親離；兩度繼任總統的黎元洪，他任期內被壓制得有多慘，讓老ㄕ不想再提。第二任大總統徐世昌，即便總是和稀泥好求個和諧局面，但最終還是落得被趕下台的處境。第三任也是最後一任的大總統——曹錕，則飽受天下人唾罵。

看到這，相信大家都了解「大總統」是多麼吸引人卻又不可褻玩的燙手山芋，所以張作霖至死也沒敢當總統，最多就是接受「中華民國軍政府陸海軍大元帥」的稱號。至於大總統一職懸缺，並由國務院總理「攝行職務」。這一票攝行大總統職務的人，包括胡惟德、顏惠慶、杜錫珪、顧維鈞，基本上全是一種身分——外交家。這代表當時的國務院總理比較像是加強版的外交部長，他們雖能整合各機關部分資源，也是名義上各行政機關首長。但他們最重要的事也只需要應付西方列強以及國際關係，真正的軍政大權，其實掌握在軍閥手上。

領導雖然換人，可亂局依舊持續。

對當時的人們來說，和平，是作夢；過好日子，是奢求。國家建設先擺一邊，只能怨老天沒開眼！可又有誰能料想到，廣東的國民革命軍正蓄勢待發，他們出征之日，將終結停滯的北洋時代，並開啟另一個新局面！

一九二六年（民國十五年），蔣介石誓師北伐。

一九二八年（民國十七年），東北易幟，全國宣布統一，北洋政府時代結束，國民政府時期開始，國民黨宣布進行「訓政」。

（上）一九二六年，於廣州誓師北伐的蔣介石；（下）張作霖死後，張學良宣布東北易幟，至此國民政府完成北伐，全國宣布統一。

之後很長一段時間，中國名義上最高領袖名稱是：國民政府主席。實際上則是由「軍事委員會」的蔣委員長主持軍政大權，「大總統」之名就此走入歷史。

即便日後在一九四八年，國民政府宣布實施憲政時，「總統」一詞再度出現，不過這個官職名稱只短暫地在中國停留一年左右，就飄盪過大江大海，只局限在台、澎、金、馬一方。

而且，這個「總統」的意義，也早已不同於民初的「大總統」，雖僅有一字之差，卻是代表著民國最初建立的那一套政治思想就此終結，這其中參雜了多少時代血淚，當真是書寫不盡、難以道哉了……

曾經顯赫一時的人物，他們有著不同的結局。

北洋之虎段祺瑞，他在張作霖掌權初期曾經被請出來當作「臨時執政」（就好像曹錕一開始請黎元洪當總統，段執政不過是張作霖穩固權力的過渡期中的擋箭牌）；令人玩味的一點，當初協助張作霖取得政權的馮玉祥，力主邀請孫文來北京商量國是，於是孫文、段祺瑞這兩位在護法運動彼此對掐的敵人在多年後，竟要和平地商量出共識（這難道不是現實的諷刺嗎）？

一九二五年三月十二日孫文病逝北京，一九二九年六月一日遺靈至南京中山陵。

不過這樣的和平對談沒有任何成果，因為孫文抵達北京不久後就癌症併發，之後於一九二五年三月十二日病逝於協和醫院。這位一生執著於改變中國的大人物並未能達成心中的目標，但在彌留之際，他卻用一句話表達從未懈怠過的鬥志：「革命尚未成功，同志仍須努力！」而段祺瑞則在隔年，完全不意外地被請下執政寶座（他在政壇末期的表現，竟跟昔日對手黎元洪如出一轍）；隨後，段祺瑞直至一九三六年過世前都再無任何政治上的表現。

曾經威風一時的直系戰神——吳佩孚，成為國民革命軍北伐的首要攻擊目標；雖然吳佩孚以高昂鬥志加上多年征戰沙場的經驗，一度和國民革命軍僵持不下，但最終還是不敵擁有蘇聯戰術及軍火加持的對手，以致被徹底擊敗。失去一切的吳佩孚和許多北洋前輩一樣，開始在租界過起頗為優渥的生活；而他生前由於拒絕和日本人合作，在死後還被堅持對日抗戰的國民政府褒獎，獲得善終的結局。

曾為南方兩大軍事巨頭的桂系陸榮廷、滇系唐繼堯，後來被支持孫文的陳炯明擊敗，兩人歷經一番波折，最終皆被昔日的後生晚輩取代。

曾經的大人物，逐漸退出舞台；曾經的大時代，如今已是過眼雲煙。寫到此處，老ㄕ想說說為何我這麼執著撰寫袁世凱死後的北洋時代？

從回顧中發現，原來自己並不孤單

回到本文開頭的問題：「為何一群追求安穩的人，他們湊在一起後，反而締造出最混亂的時代？」

這時要解釋：軍閥為何追求安穩？因為他們想要維護自身利益不受侵犯。那為何一群軍閥在一起會不安穩？因為彼此的利益是會衝突的，只要個人想維繫自身的最大利益，在利益衝突的情況下，注定永無寧日。

軍閥割據絕對是一件壞事！國家內部的小團體彼此消耗、為了維持小團體存在而出現沒效率兼詭異的資源浪費、只重一時之利，破壞長遠發展的可能性……所以，那可以說是一個最糟的時代。但是各位可知道？中國是第一次世界大戰的戰勝國，原因在於當時主政的軍閥（段祺瑞）力主參戰的緣故。賄選的曹錕，頒行中國第一部正式憲法，徐世昌、馮國璋在軍閥混戰期間的和平主張，使得戰亂得以暫時休止；甚至今天大家習以為常的共和政體，也是在這些軍閥的堅持下得以確立。

有讀者表示：「老ㄕ，你真的挺欣賞北洋政府，還有那票大帥！」

NO！話不是這麼說的！

我雖嘗試澄清北洋時代軍閥發揮的部分正面價值，但還是認為，這票軍閥畢竟不值得尊敬，因為他們所做的好事，並非出於有著偉大的情操，而是出於對權力爭奪的考量。

段祺瑞三造共和，那是他看不慣張勳勢力坐大。

段祺瑞支持參加第一次世界大戰，那是因為英國跟他進行利益交換。

馮國璋主張南北和平，那是他要跟主戰的段祺瑞競爭。

曹錕頒布憲法，那是要為自己賄選當上總統合理化啊！

或許，北洋時代當真是晦暗混亂、不堪回首的年代，但老ㄕ最後想透過一個故事，來表達北洋時代對於現今的價值。

話說曹錕賄選時，為了確保萬無一失地當上總統，他本人親自到投票現場監督。當他走到一位國民黨（前同盟會成員）的議員呂復席位前，發現他並未選自己，於是問道：「為何不選曹某？」

呂復突然怒喝：「你要能做總統，天下人都能做總統了！你要是當了總統，總統也就不是總統了！」說完，竟舉起桌上的硯台砸向曹錕！

到底，這硯台有沒有砸到曹大帥不得而知，但是呂復的身分及當時的舉動，卻有著非常深刻的涵意。

首先，他明顯地沒有被曹錕收買，不然不會跟曹錕翻臉！

再來，他人在北京，這代表……他也沒被孫文收買！

之前跟大家多次提到，孫文在一戰期間由於得到德國的資助，於是用大筆金錢號召海軍及部分國會議員南下廣州，另組政府。說穿了！孫文不也是搞了一次政治收買？而且若以當時北洋政府是世界各國承認的合法政府來看，孫文是拿錢叫人搞叛變啊！

呂復是國民黨員，他大有資格跟著孫文南下，但他卻堅決留在北京，當真是政壇的不沾鍋，清廉得很啊！

呂復的前一句：「你要能做總統，天下人都能做總統了！」這只是單純罵曹錕低級，重要的是後一句：「你要是當了總統，總統也就不是總統了！」

這啥意思？

呂復明知曹錕賄選，而且曹錕為了湊齊投票的法定人數，最後放話：「只要有投票就給錢！」呂復是為了拿出場費，順便吐嘈曹錕才去投票嗎？

不！呂復的出席，代表他對法治的看重！

在他心中，總統的誕生，需靠法律制定的投票程序完成。今天，曹錕靠著玩弄法律當上總統，這個玩法的總統，就不是他心目中的理想法治總統。

可無論「法」有多粗糙，甚至被人操弄，卻是自清末以來，包含改革派及革命黨人的理想目標。他們期待透過法律運作，讓國家得以上軌道、有機會累積國力、國民能夠生活在富強康樂的社會。

呂復。

所以呂復用他的方式展現對過往的重視、對現在的負責，也是對未來的期待。

或許呂復不是扭轉乾坤或是富國強民的大政治家，他的行為在當時無力，在後來也少被人紀念，但在老ㄕ眼中，他的一個舉動，凝聚了一生的精采！更是一個平凡的人對一個時代的詮釋！

我知道，老ㄕ所描述的民初歷史很亂，而故事中的人物及眾多事件，就本質上，也讓人難以感到有趣。但看似無用的北洋時代，畢竟奠定了中華民國的基礎。

除了了解「過去」如何影響「現在」，北洋時代還有一個令老ㄕ著迷的地方：人性真實的展現。

很多人問我：「讀歷史有什麼好處和用處？」

針對不同狀況，老ㄕ有不同回答：

「幫助學生認識教科書的描述。」

「培養蒐集、判斷資料的能力。」

「追尋過去對現在生活的影響，以求對未來生活的探索。」

「了解並建構自己的價值觀。」

但更深層的原因，則要引用英國歷史學家艾倫・狄波頓的說法：「為何我們要學歷史？因為它能給我們靈感、勇氣與慰藉。」

在我看來，北洋時代下的歷史人物是如此真實，因為他們與我們有相同的處境：始終面臨著選擇。不管昔日、現在、未來，每一個人都在當下接受並做出選擇，結果有好有壞，共同的是……我們都無法再來一次！

有人說：「那你是要我們看前人所做出的選擇結果，作為現在選擇的經驗嗎？」

可以說是，也可以說不是。

黑格爾曾經說過一句話：「歷史給我們的教訓是，人們從來都不知道汲取歷史的教訓。」

我認為這句話的意思是，歷史所記錄的是過去的事，人、事、時、地、物都跟現在大不相同。過往成功的選擇，現在可能栽跟斗；過往失敗的選擇，現在反而會成功。觀看歷史人物，並非著重於他們面對事情的方式，而是觀察他們的心態。

各位朋友，你認為現況黑暗、不如意，而且沒有盼望嗎？你是否為世事感到難過的同時，深嘆自己無法改變什麼？有時你覺得錯誤的價值觀被他人肯定，得不到認同？請記得有一個人，他叫呂復。哪怕默默無名、毫無利益，他始終懷抱心中的理想、堅持自己的目標。

這就是老ㄕ想說的，在翻閱歷史時，歷史給予我們一股跨越時空的安慰。

每一次回顧過往，我們可以發現：「原來，自己並不孤單。」

歷史的學問無窮，這僅是我的看見，而其中價值究竟為何？就是每一位讀者自己的體悟了。

參考資料

【書籍資料】

《民國史軍閥篇：段祺瑞政權》，作者：唐德剛，編譯：中國近代口述史學會。遠流出版社。
《北洋軍閥史話》，作者：丁中江。商務印書館。
《北洋軍閥統治時期史話》，作者：陶菊隱。印刻出版社。
《北洋將軍軼事》，編撰：楊潛，山東畫報出版社。
《總統的無奈——八大總統的最后結局》，編著：吳智鵬、譚水陽。華文出版社。
《總理的炎涼——北洋政府總理的最后結局》，編著：吳智鵬、譚水陽。華文出版社。
《張學良口述歷史》，口述：張學良，作者：唐德剛。遠流出版社。

國家圖書館出版品預行編目資料

繼承者們：被遺忘的中國近代史 3 / 金哲毅作 . -- 初版. -- 臺北市：平安文化, 2016.11　面；　公分. -- (平安叢書；第 538 種)(知史；07)

ISBN 978-986-93608-3-8 (平裝)

1. 近代史 2. 中國史

627.6　　105018962

平安叢書第 0538 種

知史 [7]

繼承者們

被遺忘的中國近代史3

作　　者—金哲毅
發 行 人—平雲
出版發行—平安文化有限公司
台北市敦化北路 120 巷 50 號
電話◎ 02-27168888
郵撥帳號◎ 18420815 號
皇冠出版社 (香港) 有限公司
香港上環文咸東街 50 號寶恒商業中心
23 樓 2301-3 室
電話◎ 2529-1778　傳真◎ 2527-0904
總 編 輯—龔橞甄
責任編輯—蔡維鋼
美術設計—王瓊瑤
著作完成日期— 2016 年 07 月
初版一刷日期— 2016 年 11 月
初版二刷日期— 2020 年 06 月
法律顧問—王惠光律師

讀者服務傳真專線◎ 02-27150507
電腦編號◎ 551007
ISBN ◎ 978-986-93608-3-8
Printed in Taiwan
本書定價◎新台幣 280 元 / 港幣 93 元